铁路职工劳动安全学练丛书

电气化铁路职工劳动安全

《电气化铁路职工劳动安全》编委会　编

中国铁道出版社有限公司

2023年·北京

内 容 简 介

本书依据《中华人民共和国铁路法》《中华人民共和国安全生产法》《铁路安全管理条例》《电气化铁路有关人员电气安全规则》等法律、规章、规范的要求，结合电气化铁路工作现场实际编写。全书共分八章，内容包括铁路通用劳动安全知识和供电、机辆、车务、工务、电务系统职工电气化铁路作业安全相关理论知识和实作技能。

本书可作为电气化铁路职工安全教育、新职人员安全培训用书，亦可供广大职工日常工作学习参考。

图书在版编目(CIP)数据

电气化铁路职工劳动安全/《电气化铁路职工劳动安全》编委会编.—北京：中国铁道出版社有限公司，2022.8（2023.6重印）
（铁路职工劳动安全学练丛书）
ISBN 978-7-113-29402-1

Ⅰ.①电… Ⅱ.①电… Ⅲ.①电气化铁道-劳动安全 Ⅳ.①U229

中国版本图书馆 CIP 数据核字(2022)第 115013 号

书　　名：电气化铁路职工劳动安全
作　　者：《电气化铁路职工劳动安全》编委会

策划编辑：秦绪涛
责任编辑：秦绪涛　　**编辑部电话：**(010)51873024
封面设计：刘　莎
责任校对：安海燕
责任印制：赵星辰

出版发行：中国铁道出版社有限公司(100054，北京市西城区右安门西街 8 号)
网　　址：http://www.tdpress.com
印　　刷：三河市航远印刷有限公司
版　　次：2022 年 8 月第 1 版　2023 年 6 月第 4 次印刷
开　　本：880 mm×1 230 mm 1/32　**印张：**9.625　**字数：**202 千
书　　号：ISBN 978-7-113-29402-1
定　　价：35.00 元

编 委 会

主　　编： 刘　扬

副 主 编： 闫　敏　付加磊

编写人员： 胡玉敏　茹海波　冯倩倩　崔　冲　陈世勇　崔维甲　甄建霞　李　雯　胡从凯　解光周　周昊冉　刘瑞鑫　邱少婧

前　言

安全是铁路永恒的主题，铁路安全是一种责任，更是一种使命。如何确保铁路职工作业中的人身安全，一方面需要铁路企业提升安全管理水平，完善相应的安全规章和制度，制定标准化作业流程，让职工作业有章可循；另一方面需要加强对职工的日常安全教育，增强职工的安全意识。安全培训是铁路职工培训工作的重要组成部分，是提高职工安全生产技能，增强职工事故预防和应急处理能力的重要手段，也是防止伤亡事故、减少职业危害的重要措施，更是强化安全生产建设，确保铁路运输安全持续稳定的基础性工作。

随着我国电气化铁路的快速发展，新技术、新设备、新工艺不断投入运用，对电气化区段铁路职工劳动安全提出了更高的挑战。为进一步加强电气化铁路劳动安全风险识别和控制，防止和减少职工伤亡事故发生，保障职工人身安全和健康，实现铁路高质量发展，我们依据《中华人民共和国铁路法》《中华人民共和国安全生产法》《铁路安全管理条例》

《电气化铁路有关人员电气安全规则》等法律、规章、规范的要求，结合电气化铁路工作现场实际编写本书，内容包括铁路通用劳动安全知识和供电、机辆、车务、工务、电务系统职工电气化铁路作业安全相关理论知识和实作技能。本书编写旨在帮助电气化铁路职工提升安全作业意识，避免作业过程中可能存在的风险隐患，防止电气化铁路伤害事故发生，最终实现铁路职工的健康成长和铁路运输的和谐发展。

本书可作为电气化铁路职工安全教育、新职人员安全培训用书，亦可供广大职工日常工作学习参考。受编写时间所限，书中难免有不足之处，恳请各位读者批评指正！

编　者

2022 年 6 月

目　　录

第一章　电气化铁路概述 …………………………… 1
第一节　电气化铁路概况 ……………………………… 1
第二节　电气化铁路组成 ……………………………… 3
第二章　铁路通用劳动安全知识 ……………………… 17
第一节　预防机车车辆伤害 ………………………… 17
第二节　预防机动车辆伤害 ………………………… 35
第三节　预防高处坠落伤害 ………………………… 42
第四节　预防物体打击伤害 ………………………… 56
第五节　预防起重伤害 ……………………………… 61
第六节　预防机械伤害 ……………………………… 66
第七节　预防中毒和窒息伤害 ……………………… 73
第八节　预防火灾爆炸伤害 ………………………… 83
第三章　电气安全与应急处置 ……………………… 96
第一节　电学基础知识 ……………………………… 96
第二节　电气安全防范措施 ………………………… 105

第三节　电气事故与应急处置 …………………………………… 107

第四章　供电系统职工作业安全 …………………………………… 119

第一节　接触网作业安全 …………………………………… 119
第二节　牵引变电所作业安全 …………………………………… 143
第三节　电力专业劳动安全 …………………………………… 170
第四节　典型劳动安全风险及控制 …………………………………… 199

第五章　机辆系统职工作业安全 …………………………………… 210

第一节　电力机车乘务员作业安全 …………………………………… 210
第二节　动车组司机作业安全 …………………………………… 230
第三节　动车组机械师作业安全 …………………………………… 237
第四节　车辆检车员作业安全 …………………………………… 241

第六章　车务系统职工作业安全 …………………………………… 244

第一节　行车作业安全 …………………………………… 244
第二节　客、货运作业安全 …………………………………… 247
第三节　隔离开关操作 …………………………………… 251

第七章　工务系统职工作业安全 …………………………………… 254

第一节　线路作业安全 …………………………………… 254
第二节　桥隧作业安全 …………………………………… 263
第三节　大型养路机械及轨道车作业安全 …………………………………… 266

第八章　电务系统职工作业安全 …………………… 270

第一节　信号专业作业安全 ……………………… 270

第二节　通信专业作业安全 ……………………… 276

附录一　铁路车站行车作业人身安全规定………… 280

附录二　电气化铁路有关人员电气安全规则 ……… 286

第一章　电气化铁路概述

第一节　电气化铁路概况

一、电气化铁路发展情况

电气化铁路是以电能作为牵引动力的一种现代化交通运输工具，其牵引动力是电能，所以又称为电力牵引。

我国修建电气化铁路始于 20 世纪 50 年代，经过充分的论证，1957 年决定采用电压等级为 25 kV 的单相工频交流电，为我国大规模发展电气化铁路奠定了良好的基础。1961 年 8 月 15 日，我国第一条干线电气化铁路试验区段宝鸡至凤州段建成通车，揭开了我国电气化铁路发展的序幕。1975 年 7 月 1 日，宝成电气化铁路全线建成通车，在我国铁路建设史上产生了重大影响。到 1980 年底，我国先后建成了宝成线、阳安线、襄渝线（襄樊至安康）、石太线（石家庄至阳泉）、宝兰线（宝鸡至天水）等电气化铁路，共计 1 667 km。

20 世纪 80 年代以后，我国电气化铁路飞速发展，开始从山区向平原，由边远地区铁路向主要长干线铁路发展，修建了京秦线、成渝线、贵昆线（贵阳南至水城西）、太焦线（长治北至月山）、陇海线、京广线等电气化铁路。同时还修建了我国第一条以运煤为主、开行万吨重载单元列车的大秦双线电气化铁路。

2003 年 10 月，秦沈客专建成通车，全长 404 km。秦沈客专是我国铁路进入高速化的起点，为铁路高速化发展奠定了基础。此后，京津城际铁路、武广高铁、京沪高铁、京广高铁等高速电气化铁路相继建成通车。

2017 年 6 月 26 日，“复兴号”中国标准动车组在京沪高铁两端的北京南站和上海虹桥站双向首发，标志着中国已全面掌握高铁关键核心技术，建立了基于自主知识产权的高速动车组技术平台和技术标准体系，迈出了从追赶到领跑的关键一步。

2019 年 12 月 30 日，我国首条智能高速铁路京张高铁开通运营。京张高铁是我国第一条采用自主研发的北斗卫星导航系统、设计速度 350 km/h 的智能化高速铁路，也是世界上第一条最高设计速度 350 km/h 的高寒、大风沙高速铁路。

从 20 世纪 60 年代中国第一条电气化铁路，到第一条高速铁路，再到第一条智能高铁，经过六十多年的发展，我国电气化铁路建设取得了举世瞩目的成绩。目前，我国电气化铁路里程和高铁里程稳居世界第一，形成了一张世界上规模最大的电气化铁路网和最发达的高铁网。

二、电气化铁路优势

与内燃机车相比，电气化铁路机车（动车组）从外部电源和牵引供电系统获得电能，不需要自带能源，可降低自重，在每根轴的荷重相同的条件下，其轴功率更大，可实现高速化和重载化运输。以电能作为牵引动力，可以有效减少能源消耗，降低运营成本。此外，电力机车（动车组）无废气、烟尘，对空气无污染，噪声较小，特别是在通过长大隧道时，其优点更为明显，不仅改善了乘务人员工作条件和旅客的舒适度，而且对铁路沿线城市、郊区的污染也减到最小程度。电力机车装有大功率的电气制动装置，可用于长大下坡道的速度调整，大大提高了列车运行的安全度。

第二节 电气化铁路组成

电气化铁路是以电能作为牵引动力的一种现代化交通运输工具。它与内燃机车牵引不同的地方，是电力机车（或电动车组，下同）本身不带能源，必须由外部供给电能，专门给电力机车供给电能的装置称作牵引供电系统。因此，电气化铁路是由电力机车和牵引供电系统两大部分组成的。

一、牵引供电系统

牵引供电系统是指从三相电力系统接受电能向单相交流电气化铁路行驶的电力机车输送电能的电气网络。牵引供电系统本身并不产生电能，而是将电力系统的电能通过牵引变电所、馈电线、接触网、钢轨、吸上线及回流线质量良好并不间断地供给机车。牵引供电回路是由牵引变电所—馈电线—接触网—电力机车—钢轨—回流线—（牵引变电所）接地网组成的闭合回路，其中流通的电流称为牵引电流。牵引供电系统可分为牵引变电所和牵引网两部分，如图 1-1 所示。

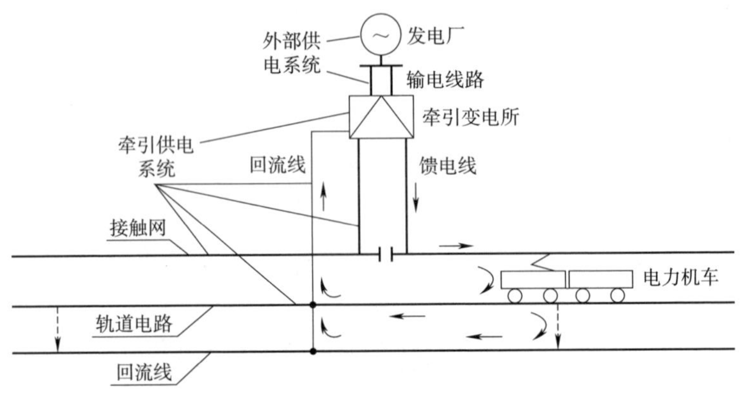

图 1-1　牵引供电系统

（一）牵引变电所

牵引变电所是电气化铁路的心脏。牵引变电所是一个统称，实际上它还包括供电系统中的开闭所、分区所等。它的功能是将电力系统输送来的 110 kV 或 220 kV 等级的工频交流高压电，通过一定接线形式的牵引变压器变成适合电力机车使用的 27.5 kV 等级的单相工频交流电，再通过不同的馈电线将电能送到相应方向的电气化铁路（接触网）上，满足来自不同方向电力机车的供电需要。牵引变电所一般设在车站的一端，在车站和区间分界处与另一端不同相位的供电臂通过分相绝缘器或电分段锚段关节相连。同一方向馈出回路的高压开关具备一旁路备用开关，可满足不间断可靠供电要求和检修的需要。

1. 开闭所

开闭所的主要作用是在大的编组站和客运站实现分束、分段供电，提高供电的可靠性，缩小停电范围，减少事故对铁路运行的影响。如果开闭所在供电臂末端，通常将其与分区所合建。同样，不同馈出回路的高压开关具备共用旁路备用开关，可满足不间断可靠供电要求和检修的需要。

2. 分区所

分区所的作用是将电气化铁路上下行接触网通过分区所并联起来，以提高供电臂末端接触网上的电压水平，均衡上下行供电臂的电流，降低电能损失，在较重车方向和线路有较大坡道情况下效果更为明显；在一个牵引变电所故障情况下，通过分区所可以由相邻牵引变电所实行越区供电。

（二）牵引网

牵引网通常包括接触网、钢轨回路（包括大地）、馈电线和回流线等。

1. 接触网

接触网的作用是将牵引变电所的电能输送到电力机车上，电力机车实际上是一个边受流边行驶的移动负荷。为了保证不间断地供给电力机车电能，就必须使电力机车的受电弓与接触网的接触线在电力机车行驶时有良好的接触。因此，对接触网的结构有特殊的要求。从结构形式上看，接触网由接触悬挂、支持装置、定位装置、支柱和基础等部分组成，如图 1-2 所示。

(1) 接触悬挂

接触悬挂主要由接触线、补偿装置、承力索、整体吊弦及连接零件等组成。接触悬挂通过支持装置架设在支柱上，其功用是将从牵引变电所获得的电能输送给电力机车。

接触线是与受电弓直接接触摩擦的部分，是传输电流的主体。在直线区段，为使受电弓滑板磨耗均匀，接触线布置成“之”字形。

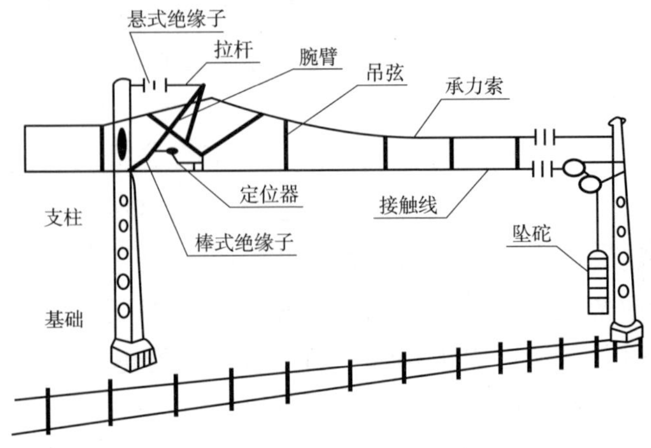

图 1-2　接触网组成示意图

承力索承受接触线的重力，并将整个接触悬挂的重力和拉力（或压力）传给支持装置，并通过吊弦悬挂使接触线保持在规定的高度。

补偿装置的作用是在环境温度变化时，使接触线、承力索的张力保持恒定。承力索和接触线下锚方式均采用补偿装置的叫作全补偿，仅接触线采用补偿的叫作半补偿。支柱处吊弦采用简单吊弦或弹性吊弦的分别称为简单链型悬挂或弹性链型悬挂。

（2）支持装置

支持装置用以支持接触悬挂并将其负荷传递给支柱或其他建筑物，其结构根据接触网所在区间、站场和大型建筑物而有所不同。区间主要为腕臂结构，站场则视股道数量、线路情况、支柱所在位置等因素而选用软横跨、硬横跨或腕臂结构，以软横跨为主，高速铁路则采用硬横跨；隧道和桥梁（下承桥）等大型建筑物处视具体情况设计，必要时采用特殊结构。支持装置包括腕臂、水平拉杆、悬式绝缘子串、棒式绝缘子以及其他建筑物的特殊支持设备。

（3）定位装置

定位装置包括定位管和定位器，其功用是固定接触线的位置，使接触线在受电弓滑板运行轨迹范围内，保证接触线与受电弓不脱离，并将接触线的水平负荷传给支柱。

（4）支柱和基础

支柱与基础是用来安装支持装置、悬吊接触悬挂，承受接触悬挂、支持装置和定位装置的全部负荷，并将接触悬挂固定在规定的位置和高度。

支柱上还装有接地装置，与钢轨回路接通，起到保护作用。下锚支柱上还装有补偿装置，并设拉线装置。

除上述设备外，还有供电线等附加导线，以及为了安全而设置的保护设备、电气设备等。

2. 轨道回路（大地）

在电气化铁路上，电力机车是利用钢轨作为牵引电流回路，由于轨道与大地之间是不绝缘的，所以牵引电流的一部分要流经大地，从埋设在牵引变电所下面的接地网回到变压器。

3. 馈电线

馈电线是牵引变电所与接触网之间的连接线，它的功能是从牵引变电所向接触网供电。它由牵引变电所的母线上引出，在分相装置的两侧连接到接触网上。在一般情况下，馈电线仅采用架空导线，只有在不允许架设架空导线的情况下，才使用地下电缆。

4. 回流线

回流线是轨道回路与牵引变电所之间的连接线，它的作用是将轨道回路内的牵引电流吸回牵引变电所。在电气化铁路上是利用走行轨作为牵引电流的回路的，通常称轨道回路。回流线一般是先由架空线引到铁路线附近，然后改用地下电缆连到轨道回路上。如果牵引变电所靠近铁路线，则可省去架空线，直接用地下电缆连接。

二、电力机车和动车组

（一）电力机车

电力机车是靠其顶部的受电弓从接触网上取得的电能转换成机械能使机车运行的。电力机车按传动方式分为直流传动电力机车和交流传动电力机车。

1. 电力机车供电制式

电力机车本身不带原动机，靠接受接触网送来的电流作为能源，由牵引电机驱动机车的车轮。电力机车主要由车体、车底架、走行部、车钩缓冲装置、制动装置和一整套电气设备等组成。电力机车电气回路示意如图 1-3 所示。接触网上的交流电，经受电弓进入机车后经过主断路器再进入主变压器，从主变压器的牵引绕组经过硅机组整流后，向六台分两组并联的牵引电机集中供应直流电，使牵引电机产生转矩，将电能转变为机械能，经过齿轮的传递驱动机车动轮转动。

电力机车是从接触网上获取电能的，接触网供给电力机车的电流有直流和交流两种。由于电流制不同，所用的电力机车也不一样，基本上可以分为直—直电力机车、交—直电力机车、交—直—交电力机车三类。

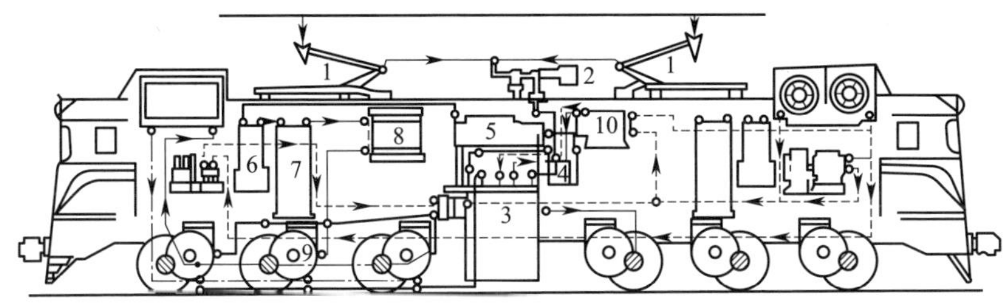

图 1-3　电力机车电气回路示意

1—受电弓；2—主断路器；3—牵引变压器；4—转换硅机组；5—调压开关；6—整流硅机组；7—主回路柜；8—平波电抗器；9—牵引电机；10—劈相机

（1）直—直电力机车

直—直电力机车采用直流制供电，牵引变电所内设有整流装置，它将三相交流电变成直流电后，再送到接触网上。因此，电力机车可直接从接触网上取得直流电供给直流串励牵引电机使用，简化了机车上的设备。直流制的缺点是接触网的电压低，一般为 1.5 kV 或 3 kV，接触线要求很粗，要消耗大量的有色金属，加大了建设投资。较早期的电力机车和现代城市轨道交通采用该种传动方式。

（2）交—直电力机车

交—直电力机车采用交流制供电，目前大多数国家都采用工频（50 Hz）交流制，或 25 Hz 低频交流制。在这种供电制下，牵引变电所将三相交流电改变成 25 kV 工业频率单相交流电后送到接触网上。但是在电力机车上采用的仍然是直流串励电机（这种电机最大优点是调速简单，只要改变电机的端电压，就能很方便地在较大范围内实现对机车的调速，但是这种电机由于带有整流子，使制造和维修都很复杂，体积也较大），把交流电变为直流电的任务在机车上完成。由于接触网电压比直流制时提高了很多，接触线的直径可以相对减小，减少了有色金属的消耗和建设投资。因此，工频交流制得到了广泛采用，目前绝大多数电力机车都是交—直电力机车。

(3) 交—直—交电力机车

交—直—交电力机车采用交流无整流子牵引电机（即三相异步电机），这种电机在制造、性能、功能，体积、重量、成本、维护及可靠性等方面远比整流子电机优越得多。它之所以迟迟不能在电力机车上应用，主要原因是调速比较困难。这种机车具有优良的牵引能力，很有发展前途。我国目前较新型的电力机车一般都是交—直—交传动的电力机车。

2. 电力机车电气设备及电路

电力机车上没有各种复杂的电气设备，而所有的电气设备均分别装设在主电路、辅助电路和控制电路中。

(1) 主电路

主电路将产生机车牵引力和制动力的各种电气设备连成一个系统，实现机车的功率传输。主电路中包括的电气设备主要有受电弓、主断路器、主变压器、调压开关、整流硅机组、平波电抗器、牵引电动机和制动电阻等。

①受电弓。机车顶部装有两套单臂受电弓，受电弓紧压接触网导线，从接触网上取得电流，供机车使用。机车运行时只需升起一套受电弓，另一套受电弓作为备用。接触网上送来的 25 kV 单相工频交流电由此引入机车。

②主断路器。主断路器是用来接通或断开电力机车高压电路的装置。当主电路发生短路、接地或整流调压电路、牵引电动机等设备发生故障时，主断路器能自动切断机车电

源，实现对机车上设备的保护。

③主变压器。主变压器又称牵引变压器，把从接触网上取得的 25 kV 高压电降低为牵引电动机所适用的电压。变压器共有 1 个原边绕组和 3 个副边绕组（牵引绕组、励磁绕组、辅助绕组）。其中，原边绕组接 25 kV 高压电；牵引绕组用来向牵引电动机供电；励磁绕组用在电阻制动时给电动机提供励磁电流；辅助绕组用来给机车的辅助电机供电。

④调压开关。调压开关用来调节牵引变压器中副边牵引绕组的输出电压，从而使牵引电动机的端电压得以改变，达到机车调速目的。

⑤整流硅机组。整流硅机组将交流电整流后，向牵引电动机供直流电。

⑥平波电抗器。由于牵引电动机本身的电感极小，不足以将整流后的电流滤平到所需要的范围。因此，在牵引电动机电路中串接一个增大电感的平波电抗器，以减小整流电流的脉动。

（2）辅助电路

辅助电路电源来自主变压器的辅助绕组，通过劈相机将单相交流电转变成三相交流电后，供给牵引通风机、油泵电机组和空气压缩机等辅助电机使用。

（3）控制电路

控制电路将主电路和辅助电路中各电气设备的控制电器（包括各控制开关、接触器、电控阀等）同电源、照明、信号等的控制装置连成一个电系统。

以上三个电路系统在电气方面一般是相互隔离的，但三者通过电磁、电空或机械传动等方式相互联系、配合动作，用低压电控制高压电，以保证操作的安全和实现机车的运行。

（二）动车组

传统的列车是由机车牵引车辆，机车带有动力，编挂好不带动力的车辆后，形成列车在轨道上运行。动车组区别于原有的机车牵引车辆方式，是由动车和拖车或全部由动车所组成的自带动力、固定编组的车组。

按动车组的动力配置，动车组分为动力集中型和动力分散型两大类。动力分散型动车组具有牵引力功率大，最大轴重小，起动、加速、制动性能好，黏着性能好，对轨道冲击小，车外噪声较小，列车利用率高，编组灵活，运用成本低等诸多优点。因此，动力分散型动车组是当今世界高速动车组技术发展的方向。

1. 动车组牵引传动系统

传动系统起到了一个能量传递和转换的作用，也就是将电能转换成机械能牵引列车运行，同时在列车制动时将机械能转变成电能回馈电网。

牵引传动系统有两类：一类是采用直流电动机驱动动轮的直流传动系统，另一类是采用交流电动机驱动动轮的交流传动系统。我国动车组采用的是交流传动装置，其牵引电机采用的是三相交流异步电机。交流牵引传动系统包括牵引电机、牵引变压器、牵引变流器和牵引控制系统。

当列车需要牵引运行时，牵引传动系统的受电弓将接触网上 25 kV、50 Hz 单相工频交流电，经过相关的高压电气设备，传输给牵引变压器，牵引变压器降压输出单相交流电供给牵引变流器，脉冲整流器将单相交流电变换成直流电，经中间直流电路将直流电输出给牵引逆变器，牵引逆变器输出电压、频率可调的三相交流电供给牵引电动机，控制电机的矩速特性满足机车牵引特性的要求，实现电能到机械能的转换。牵引传动系统工作原理如图 1-4 所示。

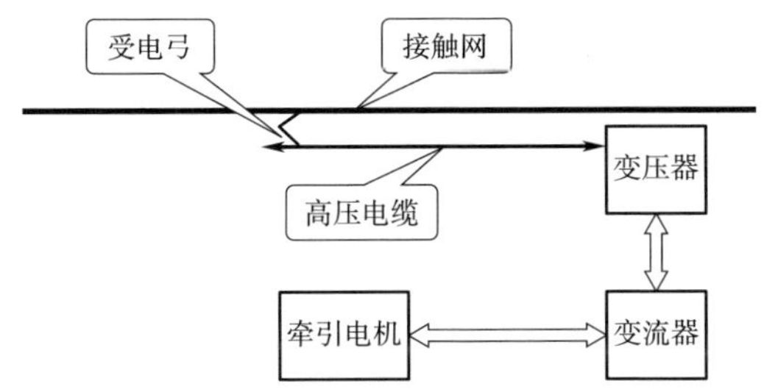

图 1-4　牵引传动系统工作原理

当列车需要制动时首先实行动力制动，牵引电机作发电机运行，牵引传动系统将牵引电机输出的电压、电流、频率不断变化的三相交流电转换成 25 kV、50 Hz 单相交流电反馈给电网，实现再生制动，从而实现机械能到电能的转换。

（1）高压电气设备。高压电气设备用来完成从接触网到牵引变压器的接通与断开，主要包括受电弓、主断路器、避雷器、电流互感器、接地保护开关等，完成供电系统的接入与断开控制、网侧电流检测、保护等功能。

（2）牵引变压器。牵引变压器主要有两项功能：一是把接触网上取得的 25 kV 高压电变换为供给牵引变流器及电机、电器工作所适合的电压；二是提供滤波、保护等手段，为动车组列车提供安全、可靠、高质量的电力。

（3）牵引变流器。牵引变流器由单相脉冲整流器、中间直流电路、逆变器、真空交流接触器等主电路设备以及牵引控制装置、控制电源等设备组成，是整个牵引系统传动的核心。其主要功能是将牵引变压器牵引绕组的输出单相交流电，通过脉冲整流器变换为直流电，经中间直流回路输出给牵引逆变器，然后牵引逆变器输出电压、频率可调的三相交流电，驱动牵引电动机。

（4）牵引电机。牵引电机是实现电能和机械能转换的最核心的部件，列车牵引时作为电动机运行将电能转化成机械能，制动时作为发电机运行将机械能转化为电能。

2. 动车组主要技术特点

（1）优良的空气动力学外形

随着列车运行速度的提高，空气阻力显著增加，此外作用在列车上还有各种力和力矩，在列车通过隧道内或列车交会时作用力更加剧烈。良好的外形设计有效减少高速动车组运行的空气阻力、列车交会时压力波，保证高速动车组运行稳定。

（2）车厢降噪密封技术

噪声会对旅客乘坐舒适度造成重大影响，如果密封性达不到要求，车外压力的波动和噪声会反映到车厢内，使旅客感到不舒服，轻者压迫耳膜，重者头晕恶心，甚至造成耳膜破裂。在动车组上应用了高性能新型隔振吸声材料，减小来自车厢外的振动和噪声。

（3）车体结构轻量化

动车组采用不锈钢、铝合金以及碳素纤维等新材料，在保证车体强度和刚度的前提下，对车体结构进行优化，减轻车体自重。轻量化车体机构能够节省牵引功率，最大限度地降低高速动车组的轴重，降低高速所引起的动力作用对线路结构、机车车辆结构的损伤，提高旅客乘坐舒适度。

（4）高性能转向架技术

高性能转向架保证动车组高速运行的稳定性、安全性，以及良好的曲线通过性能，提升旅客乘坐时的舒适性。

（5）密接式车钩缓冲装置

该装置两车钩连接面的纵向间隙一般都小于 2 mm，上下、左右偏移很小，为提高列车的运行平稳性和电气线路、风管的自动对接提供了保证。

（6）交流传动技术

交流电机的优点是结构简单、运行可靠，体积小、质量轻，功率大、造价低，使用寿命长等。交流电机没有整流子结构对电动机功率的限制，牵引功率可以得到进一步提高。

（7）高速受电弓技术

高速受电弓技术必须保证功率传输的可靠性，受流系统的运行安全性，提供良好的受流质量，良好的空气动力系统，保证使用寿命，减少对周围环境的影响。

（8）高速铁路牵引供电技术

牵引供电技术包括牵引变电所及接触网两个部分，其任务是保证质量良好并不间断地向动车组供电。牵引变电所是电气化铁路供电系统的心脏，要求具有高度的可靠性。接触网是牵引供电系统的主动脉，其功能是通过与受电弓在运行中的良好接触将电能传给动车组。

（9）复合制动技术

为保证运行安全，动车组配有足够的制动能力，动车组采用多级制动控制方式，即网络控制、电空制动控制、空气制动控制。三种控制方式的指挥级别以网络控制为最高，电空制动控制次之，空气制动控制级别最低；而安全级别的顺序恰好相反。当高级别的制动控制系统发生故障时，能自动转为低一级别的制动控制方式，以保证安全。

（10）列车自动控制及故障诊断技术

列车自动控制系统对保证高速列车安全运行有十分重要的作用，世界各国在发展高速铁路时都十分重视列车自动控制系统的研究和开发，研制了多种基础技术设备，例如列车超速防护系统、卫星定位系统、车载智能控制系统、车载计算机自动监测和诊断系统等。

第二章　铁路通用劳动安全知识

第一节　预防机车车辆伤害

一、各岗位通用人身安全措施

1. 上岗前人身安全措施

（1）所有从业人员必须定期经单位、车间、班组三级专门安全教育培训，并经考试合格后，方准上岗。

（2）新上岗、转岗、调岗和提改职人员必须进行单位、车间、班组三级安全教育培训，并经逐级考试合格后，方准上岗。学徒工、实习人员参加作业前，必须签订师徒合同，严格落实人身安全互控措施，严禁师徒分离，否则不得单独顶岗作业。

（3）从业人员上岗前必须充分休息好，严禁班前、班中饮酒。严禁脱岗、串岗、私自替班或换班。对视听不良、行动不便的人员，严禁单人作业和使用重点工、机具及担任防护员等工作。

（4）生产作业班组于班前，必须结合天气情况、作业处所、环境条件的变化和工作重点任务，对人身安全关键进行周密的安全预想，并制定有效的联防措施，在作业过程中抓好落实。

（5）对从业人员上线路作业的上下工、交接班行走的安全路线做出具体规定，并做到同去同归。

2. 作业中人身安全措施

（1）从业人员上线作业时必须精力集中、严守两纪，认真执行安全检查确认制度和呼唤应答制度，不准打闹、玩笑、阅读书报、接打手机和做与本岗位无关的事情。

（2）横越线路时，必须执行“一站、二看、三通过”制度，并注意机车车辆动态及脚下有无障碍物等。严禁钻车、跳车和抢越线路，遇天气不良时，更应注意来往的机车、车辆。

（3）横越有机车车辆停留的线路时，必须先确认机车、车辆暂不移动，然后在距该机车车辆较远处通过。穿越车辆空档时，首先确认车辆暂无移动后，再从两车组之间空档处迅速穿越，并要注意脚下有无障碍物及邻线机车车辆动态。严禁在运行中的机车车辆前面抢越线路。

（4）遇必须横越列车、车列（组）时，严禁钻车，应先确认列车、车列（组）暂不移动，然后从车辆通过台或两车车钩上越过。要抓紧蹬稳，不要踢开提钩杆或踢闭折角塞门，并注意邻线有无机车车辆运行。

（5）严禁在钢轨上、轨枕头、车底下、道心、车端部、站台边站立、坐卧、避风、避雨、避雪或乘凉。

3. 作业场所人身安全措施

（1）每半年对作业场所、生产岗位、人行道、线路附近的暗沟、涵洞、小型桥梁，以及作业人员经常行走的处所是否平坦、畅通；防护设施、照明设备是否齐全良好；侵限的障碍物件是否清除；作业现场设置的排水沟盖板、围栏、安全警告标志是否完整等情况进行安全检查，发现事故隐患、危险因素，要立即进行整治，并将危险因素与防范措施及时通知作业人员，确保作业中人身安全。

（2）邻近线路不足 3 m 的生产房舍面对线路的门口，应在门前设防护栏并安设警示标志，但不得侵入建筑限界。

（3）施工作业单位在站场施工作业时，线路两旁不得有任何妨碍作业人员人身安全的其他物件。完工后，必须将施工场所恢复到原有完整平坦状态。

4. 安全防护措施

（1）上线作业应首先设好安全防护，未设防护严禁作业。所有上线作业人员，应统一着装带有夜间反光标志的防护坎肩或带有反光标志的黄半袖衫。劳务工、临时工等上线作业必须由正式路工带领，并按规定做好防护后方准作业。

（2）直达特快、特快、快速列车、特快行邮专列等运行速度在 120 km/h 以上的列车到达作业点前 10 min，本线及邻线作业人员下道，必须在距钢轨头部外侧 2.5 m 以上的安全处所避车。

（3）沿线路行走时，严禁走道心、轨枕头或侵入限界。横越线路时不准脚踏钢轨面、道岔连接杆、尖轨、可动心辙叉等处所。严禁扒乘机车、车辆和以车代步。遇到特殊情况必须在线路上行走时，应设专人防护。

（4）车站内保留的平过道，快速以上旅客列车通过时，防护栏杆必须关闭加锁，并按规定派人提前出场监护。

（5）施工单位在站内或区间线路上作业时，必须按规定设驻站联络员、现场防护员和安全检查员。防护人员和联络员必须由正式职工担任，并经段级安全培训考试合格后持证上岗。新职人员不准担任现场防护员和联络员。驻站联络员和现场防护员要熟知本作业区段及相邻区段的列车运行时刻。

（6）现场防护员、联络员和安全检查员必须按规定头戴黄色工作帽，身着防护服，佩戴臂章等标志，并随身携带防护用品及通信工具，站在便于瞭望的地点认真防护。严禁与作业人员闲谈或做与防护无关的事情。天气不良或瞭望困难时应增设防护员、联络员。在施工作业地点变动时，必须及时通知防护人员跟踪防护。严禁超出防护范围作业。

（7）在区间线路上进行人员密集的大型施工作业时，邻线来车必须实行拉设安全警示绳等措施进行安全防护。

（8）施工作业要提前制定三级施工安全方案和人身安全互控联防措施，获准许后方可进行施工作业。

（9）有关单位和部门配合外单位施工作业时，对施工单位制定的施工方案和人身安全措施，要重点审核各项安全措施是否完善，不完善者不得批准开工。

（10）在桥梁上、隧道内作业时，必须按规定设置防护人员，列车接近时必须按规定下道，迅速撤离桥隧或进入避车台（洞）等安全处所。

（11）线路施工作业和提速区段的巡检人员上道作业前，必须按规定设好防护，加强瞭望，发现来车时必须立即下道，严格执行单线、双线、三线避车制，禁止跨线避车，避车人员要站在路肩上避车，面向列车，观察列车运行状态，避免物体堕落或绳索伤人。

（12）遇有降雾、暴风雨（雪）、扬沙等恶劣天气影响瞭望时，应停止线路上施工作业。必须作业时，应采取增设防护员等特殊安全防护措施，保证在来车前人员和机具按规定距离及时下道。

（13）多线区段施工作业：①本线及邻线来车必须执行双线避车制度，隔线来车时可不下道，但必须停止作业；避车一律到距离作业地点较近的路肩，工料机具带出限界以外；避车距离按照双线区间距离掌握。②天气不良或瞭望条件困难地段，必须坚持多线避车（任何一线来车都下道避车）。

（14）站内施工作业：①在正线岔区作业，不论上下行来车，一律下道避车；在到发线和站线岔区作业，来车时必须确认进路，及时下道避车，如不能确认来车进路时，必须立即下道避车。避车时要指定避车地点，不得四处分散避车。②在站内正线作业执行双线避车制，在站内股道作业时确认本线无车，邻线来车时可不下道，但必须停止作业，并注意本线来车。

（15）多单位、多工种在线路上施工作业时，施工作业前应由施工主体单位牵头组织召开有关安全会议，制定施工作业的人身安全预想和措施。

5. 劳动防护用品安全措施

（1）为从业人员配发符合国家标准或行业标准的劳动防护用品和工具，并教育从业人员正确佩戴、使用劳动防护用品和工具。

（2）从业人员上岗前必须按规定穿戴劳动防护服装和携带必要的人身安全防护备品。禁止穿凉鞋、高跟鞋、塑料底鞋和带钉子的鞋上岗作业，未穿戴劳动防护服装和携带人身安全防护用品的不准上岗作业。

(3) 加大对预防机车、车辆人身伤害事故隐患的“技防”措施经费投入，为从业人员上线作业配置必要的预防列车撞轧预警防护接收器等防护装置和工具。

(4) 使用列车接近报警装置和无线对讲机进行施工作业的单位，要制定呼唤应答程序和呼唤用语。

6. 自轮运转设备安全措施

(1) 轨道车、机械检修、作业车等自轮运转车辆在封锁线路上作业时，各施工单位应按照规定做好防护。车下有人员作业时，应在作业地点的两端分别设置防护人员。多单位的机械作业车辆在同一线路上作业时，应保持足够的安全距离。

(2) 轨道车、机械检修、作业车等自轮运转车辆，在施工地段动车前必须鸣笛，确认周围作业人员全部处于安全位置后方可动车。作业后连挂时，要执行一度停车制度，并严格控制连挂速度。

(3) 轨道车、机械检修、作业车等自轮运转车辆停车后，进行检车时必须有一名司乘人员进行防护，邻线来车时按规定及时避让。

二、相关岗位作业人身安全措施

(一) 车务作业人身安全措施

1. 调车作业人身安全措施

(1) 车站新建、改建各种技术设备均应符合规定。对所属行车设备、防护设备、设施和各种建筑物，车站站长按《铁路技术管理规程》规定组织定期检查。对有碍安全的建筑物、设备及障碍物，必须及时组织有关单位设法清除和拆迁。不能及时清除和拆迁时，应在该处设置危险警示标志牌，并制定具体的人身安全卡控措施，告知作业人员严加防范。

（2）设有地方专用线的车站，应依法与企业单位签订取送车安全互保协议。如发现设备、设施和作业环境不具备安全生产条件，危及人身安全时，要立即采取紧急安全措施，必要时停止办理取送车作业。

（3）调车作业开始前必须将作业计划清楚地传达给有关人员，作业中不得随意变更。变更股道作业时，必须停轮传达。

（4）在车列、车辆运行中，禁止下列行为：

①在车钩上，在平车、砂石车的端板支架上坐立，在平车、砂石车的边端站立；

②在棚车顶或装载超出车帮的货物上站立或行走；

③手抓篷布或捆绑货物的绳索，脚蹬平车鱼腹形侧梁；

④在车梯上探身过远，或经过站台时站在低于站台的车梯上；

⑤在装载易于窜动货物的车辆间和货物空隙间站立或坐卧；

⑥骑坐车帮；

⑦跨越车辆；

⑧两人及以上站在同一闸台、车梯上及机车一侧脚踏板上；

⑨进入线路提钩、摘结制动软管或调整钩位。

（5）上下车时必须遵守以下规定：

①上车时，车速不得超过 15 km/h；下车时，车速不得超过 20 km/h；

②在高度不超过 1.1 m 的站台上上下车时，车速不得超过 10 km/h；

③在路肩窄、路基高的线路上和高度超过 1.1 m 的站台上作业时，必须停车上下；

④登乘内燃、电力机车作业时，必须在机车停稳时再上下车（设有便于上下车脚蹬的调车机车除外）；

⑤上车前应注意脚蹬、车梯、扶手，平车、砂石车的侧板和机车脚踏板的牢固状态；

⑥上下车时要选择好地点，注意地面障碍物。不准迎面上车。不准运行中反面上下车（牵出时最后一辆及《车站行车工作细则》等规定的除外）。

（6）手推调车时，必须做好人身防护措施后在车辆两侧进行，并注意脚下有无障碍物。平面调车溜放作业使用手闸制动时，必须严格执行选闸试闸的规定，正确使用安全带，严禁跳闸，做到“上车先挂钩、下车先摘钩”；不能使用安全带的车辆，禁止溜放。

（7）连挂车辆前，如遇钩位、钩销不良时必须停车调整。调整钩位、处理钩销时，不准探身到两车钩之间。摘接风管、调整钩位禁止双脚进入道心。处理钩销和安、撤列尾装置时，必须等列车、车列停妥，并得到调车长的准许后方可进行，并使用无线调车灯显设备发出“紧急停车”指令后，方可进入车档。

（8）驼峰解体车辆时，应使用提钩器，严禁带提钩器上车。不具备使用提钩器条件的，要制定确保人身安全的防范措施。使用铁鞋制动时，应背向来车方向，严禁徒手使用铁鞋，并注意车辆、货物装载状况和邻线机车车辆的动态。严禁带铁鞋叉子上车。

(9) 遇人力制动机松动困难时，严禁用闸瓦钎、铁鞋等撬、打掣子。严禁使用折角塞门放风制动。

(10) 调车机车单机或牵引运行时，严禁在机车前后端坐卧。禁止调车作业人员抓乘非本组担当的机车车辆。调车机车在到发线、修车线或装卸线挂车时，应预先检查该线路所设置防护信号已撤除后方准作业。严禁调车人员擅自撤除防护信号。

(11) 冬季调车机车的脚蹬板必须捆草绳。冬季作业遇有风、雨、雪、雾天气时，必须认真执行呼唤应答制度，要做到不见应答再呼唤，确认好了再应答，加强确认，不得臆测，并应执行恶劣天气时停上停下的制度。

(12) 调车作业前认真检查作业线路货物码放，必须保证距线路钢轨外侧有 1.5 m 以上的安全距离，并确认作业通道上无障碍物方准作业。禁止调车人员蹬乘车辆穿越装卸机械（门吊除外）。专用线取送作业时必须在大门前一度停车，并派员检查大门状态，确认挂钩牢固，无任何危险障碍后方可出入。

(13) 调车作业遇相邻一侧有通过列车时，车站值班人员应及时通知调车人员停止调车作业。调车人员在作业中，应随时注意调车线上和相邻线路上有无正在进行设备维修和清扫道岔等侵入限界人员。顶送作业瞭望有困难时，要采取确保行车和人身安全的防范措施。禁止在停有正在技术检查、修理、装卸作业车辆的线路上溜放或连挂。

2. 接发列车作业人身安全措施

(1) 行车有关人员接发列车时要及时出场，站在《车站行车工作细则》规定的地点，随时注意列车运行状态（包括邻线机车、车辆动态和货物装载状态）。严禁站在邻线或靠近邻线作业。

（2）提速区段车站靠近正线不足 4 m 的窄站台，外勤助理值班员接车位置应加装防护栏。

3. 扳道（清扫）人身作业安全措施

（1）在扳道作业时，应遵守扳道作业方法。严禁侵入限界和站在道心、轨枕头等危险处所显示信号。

（2）清扫道岔（含降雪天气清扫道岔积雪）前须得到车站值班员或有关人员同意。清扫电气集中道岔或联动道岔，必要时应先将安全木楔置于尖轨与基本轨之间。作业时随时注意机车、车辆的动态，一人清扫一人防护。清扫后及时将清扫工具、安全木楔等撤除，并向车站值班员或有关人员报告。

（二）客运作业人身安全措施

（1）旅客列车乘务员作业时，要严格执行“停开、动关锁、四门瞭望”的制度。禁止在运行中打开车门或向车外清扫垃圾、杂物等。餐车侧门、列车前后端门应设护栏，并保持牢固完整。

（2）旅客列车上水员在作业时不得侵入邻线。邻线有列车通过时，禁止在通过侧上水作业。上水员跨越股道时，禁止钻车。

（3）车站客运人员（含雇用的临时工、保洁工）清扫线路垃圾时，必须设置专人进行防护。

（4）客运列车乘务人员出乘、到达，遇必须横越线路时，应设安全防护人员。

（5）行包牵引拖车及其他厂内机动车辆等通过站内平过道或道口时，必须设专人防护，采取一度停车措施，及时安全稳妥地通过。未设防护时不准通过平过道或道口。

（6）直达特快列车在有站台一侧通过时，距直达特快通过的线路钢轨头部外侧不得少于2.5 m的限界，站台宽度不足4 m时，停止办理旅客乘降和各种作业。

（7）允许进入车站站台作业的各种机动车辆及行包拖车、邮政拖车（含售货手推车），必须停放在站台安全线以内，顺线路停放，并做好制动防溜措施。

（三）货装作业人身安全措施

（1）在线路上进行装卸作业或维修装卸机械时，在到发线上，应得到车站值班员同意；在调车线上，应得到调车领导人同意；在装卸线上，应得到铁路货运员同意，并按规定防护后，方可进行。

（2）装卸作业时，必须指定专人按照规定设置防护脱轨器、防护牌，多工组在同一线路上作业时，防护脱轨器、防护牌由最先到达的作业工组安设，由最后作业完了工组撤除。

（3）货检人员在到发线进行货检作业或在相邻到发线一侧进行货物装卸、施封、加固等作业时，必须采取人身安全防范措施，严禁侵入邻线。

（四）机务作业人身安全措施

（1）动车前，必须确认车组人员到齐和相关人员处于安全位置后，先鸣笛、后动车（限鸣区，按有关规定执行）。

（2）机车运行中，机车乘务员必须不间断瞭望，确认信号，认真执行呼唤应答制度。对列车进、出站或运行至桥梁、隧道、道口、弯道、施工地段及遇雨、雾、雪等不良天气时，更要加强瞭望，按规定鸣笛。遇有危及人身和行车安全时，应立即采取减速、停车及自我防护措施。

（3）乘务员不准在机车、车辆运行中提车钩、摘结风管或调整钩位；摘挂机车或中间站停车检查机车时不得侵入邻线限界。连挂车辆前如遇钩位不正或钩锁销不良时，必须停车，调整后再进行连挂。

（4）严禁机车乘务员、检修人员及其他人员在列车运行中进行机车外部作业。电力、内燃机车在运行中必须关闭两侧车门。人员探身车外瞭望作业时不得超出限界。需要交接行车凭证和命令时，必须停车交接。上下车时必须注意地面是否平坦，有无障碍，待机车停妥后方准上下车。

（五）工务作业人身安全措施

（1）更换钢轨、轨枕或成组更换道岔及大型机械作业等人员密集的施工，邻线来车前必须设好安全警戒绳防护，必要时增加防护人员和广播提示。两线间严禁放置机具材料，严禁跨线避车。

（2）夜间施工作业，要提前进行现场调查，设置照明，增加现场防护员，指定避车地点，所有作业人员必须穿带反光标志的防护服。

（3）上线作业时，对使用的机具材料，必须专人负责，下道时随身携带，严防二次上线取拿工具材料。

（4）对小半径曲线等瞭望困难地段，本线及邻线必须增加远方联络员，及时预报来车，确保作业人员按规定距离下道避车。

（5）防护员要及时准确预报来车，施工负责人、带班人接到预报后，要及时组织作业人员按规定距离下道，防护员要监控作业人员下道。

（6）双线区段一线慢行或封锁作业时，禁止跨越邻线搬运机具、路料。特殊情况需跨越邻线时，设专人进行防护，并采取有效安全措施。

（7）上道、上桥作业上下工必须由带班人带领在路肩上行走，坚持同去同归。

（8）在调车作业繁忙的线路上、道岔区、驼峰调车场和视线瞭望困难地段应加强防护。

（六）电务作业人身安全措施

（1）有列车通过和恶劣天气时，严禁在股道两侧高柱信号机上作业。

（2）设立信号机柱时，必须事先与车站取得联系后再施工，并制定可靠的安全措施，保证不倒向线路一侧。当列车接近时，禁止立、撤信号机柱。

（3）电务人员在线路上施工、检修、巡视作业时，必须设专人防护，防护人员必须提前先于作业人员出场上岗，晚于作业人员离岗。在驼峰调车场和调车作业繁忙的道岔区作业必须增加防护人员。

（七）车辆作业人身安全措施

（1）检车人员要熟悉站内线路、设备、建筑物等情况，熟知列车运行时刻，随时注意调车作业和机车、车辆运行动态，做好人身安全自保措施。

（2）检车人员作业前要整队出发，提前到达接送车位置，严格执行接送车制度。作业完毕列队归所，同出同归，严禁单独行动。

（3）检车人员在作业前必须按规定插设安全防护装置，作业完毕必须确认车下无人后方准解除防护。插撤防护要正确传递信号，不得隔位进行传递。严禁在无防护信号的情况下进行检修作业。严禁在列车运行中处理故障。

（4）接车时要提前到达接车地点，在两线中间安全地点接车，严禁侵入邻线限界。狭窄线路，邻线上、下行同时到发列车时，要在两线外侧接发列车。

（5）对线路旁的红外线探测装置及固定脱轨器进行检修、清扫时，要设专人防护；遇有列车通过时，必须停止作业下道避车。遇脱轨器故障、大修等非正常情况时必须与车站值班员取得联系，并采取人身安全互控联防措施。

（6）检车乘务员在途中或大站作业时，应熟悉掌握列车站停时间和上下车地点，遇邻线列车通过时，应停止作业，站在安全地点避车。运行中不准开门探身，必须在列车停稳后上下车。

（八）供电作业人身安全措施

（1）在既有线进行带电检测、除冰、检查接地线等作业时，作业地点两端必须按规定设专职防护人员，同时在车站行车室设驻站防护人员，与作业组随时保持联系。

（2）在非封闭线路上作业，当列车通过本线或邻线时，作业人员和机具设备均应撤至距作业线路钢轨头部外侧2.5 m以外，放置牢固。

（3）利用接触网检修车、梯车在V形天窗上线作业时，作业人员要随时按规定注意避让列车。在运行速度超过120 km/h的线路上作业，当邻线来车时，作业人员必须下梯车避车。

（4）在线路间开挖沟、坑时，要安装设置安全防护警示标志，尽量加大沟、坑开挖的边坡度或增加支撑。列车通过时，沟、坑内的作业人员必须及时撤出，防止沟、坑受振动塌陷造成人身伤害。

（九）房建作业人身安全措施

（1）在站场及沿线施工时，首先要与站方取得联系，介绍施工地点、施工方案及施工周期，及时通报站场的变化情况，并办理相关手续后方可进入站场施工。

（2）施工单位必须按照施工方案和现场平面布置图堆放材料、构件，安置设备和搭设临时设施，在施工区域边缘设立施工围栏进行防护，并悬挂“正在施工”“注意安全”等明显标志，夜间设红灯示警。

（3）现场堆放材料、停放机具或搭建临时设施，不得侵入机车、车辆限界，严禁扒车、钻车和与列车抢道。

（4）需穿越线路时，必须由平交过道通过并设专人防护。

（5）在进行站台和限界测量时，车站行车室必须设驻站人员，作业现场需两人以上防护，并身着防护服。

三、高速铁路上线作业安全风险防控

高速铁路指新建设计开行250 km/h（含预留）及以上动车组列车，初期运营速度不小于200 km/h的客运专线铁路。在高速铁路区段进行上线施工作业，其作业特点、作业时间、安全防护措施、应急故障处理等方面都与普速铁路作业有着本质的不同，只有采取有针对性的安全防控措施，才能保证高速铁路上线作业人员的人身安全。

1. 高速铁路上线作业基本原则

(1) 高速铁路区段上线作业安全风险管理必须坚持“行车不上道、上道不行车”“上线作业必须设置专人防护，不设专人防护禁止上线作业”的原则。高速铁路进入封闭区段即为上道。

(2) 施工作业原则上应安排在垂直天窗时间内进行。

(3) 客运专线区段天窗或封锁时间以外，禁止任何人员进入封闭设施、桥面或隧道内。遇暴风雨雪雾和扬沙等恶劣天气需在天窗时间外检查设备时，检查人员不得盲目冒险进入路肩和桥面范围内，确需进入，应在办理封锁和列车限速条件并设好安全防护后进行。设置安全防护不严密、不到位，不准上道作业。

(4) 天窗或封锁时间内进出线路，作业人员必须从工作门进出（乘坐工程车辆进出除外），并对作业人员实行严格的逐人点名“记过销”管控制度。普速场和高速场没有隔离措施的，在普速场作业的人员严禁侵入高速场内。施工作业结束后，施工作业负责人要对上道施工作业人员、机具完全撤出封闭设施栅栏等情况进行核对确认并进行记录。

2. 安全防护的基本要求

(1) 现场防护员和驻所（站）联络防护员必须按规定采用具有录音回放功能的通信工具，并保证状态良好。通信工具包括GSM-R手持终端、450 MHz手持终端等。现场防护员、远端防护员和施工作业负责人在上道施工作业前，必须与驻所（站）联络防护员确认核对到达上道施工作业地点位置、时刻、调度命令封锁起止时间、列车运行动态和安全防护条件是否齐备等，确认核对无误后，方准上道施工作业。

驻所（站）联络防护员和现场防护员不得临时调换。

（2）结合实际制定驻所（站）联络防护员、现场防护员及施工作业负责人之间确保人身、行车安全的防护联控规程，明确通信设备管理标准要求，对作业安全联控时机、联控内容、联控对象、联控标准用语及复诵确认等环节进行规范。

（3）施工作业过程中，驻所（站）联络防护员、现场防护员与施工作业负责人必须按规定落实3～5 min安全通话制度，保持通信畅通。一旦通信中断，现场防护员、施工作业负责人要采取紧急措施，立即组织施工作业人员停止作业，站在安全地点避车。

（4）现场防护员、远端防护员要根据施工作业现场地形、瞭望条件、列车运行特点、施工作业人员和机具分布等情况，确定安全站位和移动路径，并做好自身安全防护。

（5）驻所（站）联络防护员必须精神集中、时刻坚守岗位，严禁瞬间离岗和做与防护作业无关之事，列车调度员（车站值班员或应急值守人员）要严把施工作业安全防护互控关，遇有驻所（站）联络防护员瞬间离岗等，要立即停止现场施工作业，采取安全措施。

3. V形天窗安全防护措施

（1）施工单位在提报计划时，必须同时提出对邻线限速的要求，在接到邻线最高运行速度≤160 km/h临时限速的调度命令，按规定设好防护后，方准上道施工作业。

（2）施工作业期间遇邻线来车时，驻所（站）联络防护员必须提前10 min以上通知现场防护员，现场防护员得到通知后必须立即通知施工负责人采取防控措施，确保本线作业人员全部停止作业并下道，站在安全位置避车。

4. 应急故障处理安全防护措施

高速铁路区段遇设备发生故障需进行上线检查抢修等特殊情况，必须核对得到本线封锁、邻线列车最高运行速度≤160 km/h临时限速的调度命令，在核对确认无误，按规定设好防护后，方可上道作业，并执行以下规定：

（1）对需上线处理的各种非正常故障情况要超前进行充分的安全风险预想、预警提示，有针对性地制定安全防护措施，并落实责任人，强化安全风险控制。

（2）遇上道应急处理故障等非正常作业，必要时要设置远端防护员，驻所（站）联络防护员须与列车调度员（车站值班员或应急值守人员）联系确认列车运行动态，并及时准确告知现场负责人、现场防护员和远端防护员。未采取安全防护措施或防护措施设置不到位的，禁止冒险上道作业。

（3）应急处理双线之一线故障遇邻线来车时，驻所（站）联络防护员必须提前10 min以上通知现场防护员，现场防护员得到通知后必须立即通知远端防护员和施工作业负责人，组织作业人员停止作业，并站在安全位置避车。

（4）动车组列车在区间或站内正线因故障停车需下车检查或处理时，随车机械师须通知司机向调度所申请命令，在本线一侧处理故障时，邻线限速160 km/h；在双线间处理故障时，封锁邻线。随车机械师与司机要对设置列控限速调度命令及设置安全防护是否符合安全条件进行确认核对，确认无误，并经司机同意，随车机械师方可下车作业。未经司机同意，任何人不得下车。

（5）处理双线之一线应急故障时，必须采取拉绳防护等安全可靠措施，遇邻线来车时，本线必须停止作业，并提前10 min以上下道避车。

（6）上道处理应急故障作业，作业人员下道避车必须在本线一侧安全距离内避车。禁止分散多处或跨线避车，严禁在双线线间避车。

（7）遇有能见度不足200 m的大雾、暴风雪、雷电密集、扬沙等恶劣天气时，禁止上道作业。遇应急处置故障等必须作业时，应采取特殊有效的安全防护措施，并对故障发生区间进行全线封锁。

第二节　预防机动车辆伤害

一、机动车辆事故分类

机动车辆事故按照事故形态的不同可分为碰撞、刮擦、碾压、翻车、坠车、失火和其他七种。

1. 碰撞

碰撞是指交通强者的正面部分与他方接触的事故形态。按照碰撞双方的性质不同碰撞又可分为机动车与机动车、机动车与非机动车、机动车与固定物、机动车与人等的碰撞。车与车碰撞分为正面碰撞、侧面碰撞、尾随碰撞。正面碰撞是指相向行驶的车辆正前（含前部左右两角）碰撞。侧面碰撞是指车辆的接触部分有一方是车辆侧面的碰撞。尾随碰撞是指同车道同方向行驶的车辆，尾随车辆的前部与前车尾部的碰撞。

2. 刮擦

刮擦是指交通强者的侧面部分与他方接触的事故形态。刮擦也可分为机动车与机动车、机动车与非机动车、机动车与固定物、机动车与人等的刮擦。车与车刮擦分为同向刮擦和对向刮擦。同向刮擦是指同向行驶的车辆在后车超越前车时发生的两车侧面刮擦。对向刮擦是指相向行驶的车辆在会车时发生的两车侧面刮擦。

3. 碾压

碾压是指交通强者对弱者的推碾或压过的事故形态。在碾压之前，一般有碰撞或刮擦现象。

4. 翻车

翻车是指车辆在行驶中，因受侧向力的作用，使一部分或全部车轮悬空，车身着地的事故形态。翻车分为侧翻、仰翻和滚翻。车身的侧面着地，车轮朝向侧面的形态称为侧翻；车身的顶面着地，车轮朝上的形态称为仰翻；滚翻是一种特殊的翻车形态，是指车身横向翻转角度为 360°或 360°以上的翻车形态，最后的状态可能是侧翻或者仰翻，侧面或顶面与地面接触。翻车可能由碰撞或其他原因引起，但只要出现了翻车现象，即可认为是翻车。

5. 坠车

坠车是指车辆整体脱离路面，经过一个落体的过程，落于路面高度以下地点的事故形态。坠车与翻车的区别是坠车有一个离开地面的落体过程。

6. 失火

失火是指车辆在行驶过程中，由于意外原因引起失火的事故形态。

7. 其他

除碰撞、刮擦、碾压、翻车、坠车、失火以外的事故形态。

二、机动车辆事故预防措施

（一）机动车驾驶员的基本要求

1. 机动车驾驶员应当遵守《中华人民共和国道路交通安全法》，接受道路交通安全教育。定期进行道路交通安全知识的业务学习，不断提高自身业务水平。

2. 机动车驾驶员必须经公安交通管理部门考试合格，依法取得机动车驾驶证。驾驶证不准转借、涂改或伪造。

3. 机动车驾驶员应当按照驾驶证载明的准驾车型驾驶机动车，驾驶机动车时，应当随身携带机动车驾驶证和行驶证。

4. 机动车驾驶员在任何情况下，都不准将车辆交给没有驾驶证的人驾驶。

5. 机动车驾驶员驾驶机动车上道路行驶前，应当对机动车的安全技术性能进行认真检查，不得驾驶安全设施不全或者机件不符合技术标准等具有安全隐患的机动车。

6. 饮酒、服用国家管制的精神药品或者麻醉药品，或者患有妨碍安全驾驶机动车的疾病，或者过度疲劳影响安全驾驶的，不得驾驶机动车。

7. 对强迫、指使机动车驾驶人员违反道路交通安全法律、法规和机动车安全驾驶要求的，机动车驾驶员有权拒绝。

8. 对乘车人违章携带易燃易爆等危险物品乘车、向车外抛撒物品、影响机动车驾驶员安全驾驶的有权制止。

9. 熟知机动车操作技术，对车辆勤保养、勤检查，保证机动车技术状态良好，杜绝机动车带病上路。

10. 认真执行机动车安全操作规程，坚持中速行车、安全礼让，严格遵守超车、会车、让车、停车的有关规定。

11. 发生交通肇事后，必须立即停车，保护现场，抢救伤者并迅速报告公安交通管理部门，同时向单位有关部门汇报。

（二）机动车安全驾驶防范措施

1. 超速防范措施

机动车在道路上行驶不得超过限速标志、标线标明的速度。在没有限速标志、标线的道路上，机动车不得超过下列最高行驶速度。

（1）没有道路中心线的道路，城市道路为 30 km/h，公路为 40 km/h。

（2）同方向只有一条机动车道的道路，城市道路为 50 km/h，公路为 70 km/h。

（3）机动车行驶中遇有下列情形之一的，最高行驶速度不得超过 30 km/h，其中拖拉机、电瓶车、轮式专用机械车不得超过 15 km/h：

①进出非机动车道，通过铁路道口、急弯路、窄路、窄桥时。

②掉头、转弯、下陡坡时。

③遇雾、雨、雪、沙尘、冰雹等能见度在 50 m 以内时。

④在冰雪、泥泞的道路上行驶时。

⑤牵引发生故障的机动车时。

（4）在高速公路上行驶的小型载客汽车最高车速不得超过 120 km/h，最低车速不得低于 60 km/h。其他机动车不得超 100 km/h。

（5）机动车在高速公路上行驶，车速超过 100 km/h 时，应当与同车道前车保持 100 m 以上的距离；车速低于 100 km/h 时，与同车道前车距离可以适当缩短，但最小距离不得少于 50 m。

（6）残疾人机动轮椅车、电动自行车在非机动车道内行驶时，最高速度不得超过 15 km/h。

2. 超载防范措施

（1）机动车严禁超载，载物的长、宽、高不得违反装载要求，不得遗撒、飘散载运物。

（2）机动车载人不得超过核定的人数，客运机动车不得违反规定载货。

（3）禁止货运机动车载客，货运机动车需要附载作业人员的，应当设置保护作业人员的安全措施。

（4）装卸和运输氧气瓶、乙炔瓶、发电机等作业机具时，应轻装轻卸，严禁抛、划、滚、碰，并有防倾倒措施。气瓶须装有瓶帽和防振胶圈，夏季要有遮阳设施，防止暴晒。

3. 疲劳驾驶防范措施

（1）休息、小睡。当开车感到困倦时，需停车休息 5～10 min，即可迅速减轻困倦程度。

（2）温度刺激。困倦时，冷水洗脸或喝冷、热饮可迅速恢复清醒。

（3）味觉刺激。困倦时，吃、喝一些酸辣食物也可迅速恢复清醒。

（4）动作刺激。停车做一些活动可使精神兴奋。

（5）声音刺激。困倦时放大音量听一些刺激性音乐也能使精神兴奋。

连续行车 2～3 h 后，在服务区下车休息，并绕车一周，检查一遍车辆状况。

4. 酒后驾驶防范措施

（1）加强出车前的安全卡控，由派班人使用酒精测试仪对机动车驾驶员进行酒测，酒后严禁驾驶车辆。

（2）机动车驾驶员提高自控能力，树立法制观念，自觉抵制班中饮酒。

（3）加大对酒后驾驶的处罚力度。

5. 雨天驾驶防范措施

（1）遇到大暴雨，如果雨刮器的作用不能满足能见度需要时，不能冒险行驶，要选择安全地点停车，打开双闪报警灯、示廓灯，待降雨减小后再继续行驶。

（2）在高速公路上行驶，如遇大雨应立即开启双闪报警灯、示廓灯，尽快驶进服务区等待或驶离高速公路。

（3）雨中跟车、超车、会车时，与车辆及道路边缘要适当加大安全距离。行车过程中遇到积水路面时首先要观察积水的深度，漫过车轴时不能继续行驶。

（4）进入漫水区前，要注意与前面车辆保持较大车距，对不熟悉的路面，沿着前车走过的线路行驶，以免水中遇到障碍。入水后要用较缓慢的速度匀速前行，在水中不要停车。车辆行驶出漫水路面后，不能马上高速行驶，确认刹车有效后方可正常行驶。

6. 雪天驾驶防范措施

（1）驾驶员在雪天行车时要精神集中。低速行驶，前后左右都要留有安全车距。

（2）起步、行车要合理使用挡位，慢抬离合器，轻加油，平稳起步。

（3）双手握稳方向盘，轻（慢）打方向，尽量保持车辆直线行驶，遇有情况或转弯时提前减速。

（4）驾驶机动车时要尽量远离自行车，以防其滑倒发生事故。

（5）山路行车必须在驱动轮上安装防滑链。

（6）如前方突然出现障碍物，要踏死刹车不松开，掌握好行驶方向，使车轮推着事故物件前移，以免车轮转动轧过事故物件，造成更大损失。

（7）雪后阳光强烈炫目时，要戴上防护镜，保证驾驶时能够及时发现行车过程中的情况。

7. 雾天驾驶防范措施

（1）开启雾灯，控制车速，加大安全距离。

（2）当能见度为 50 m 左右时，车速不得超过 30 km/h。

（3）严禁随意停车，车辆发生故障或能见度不足 5 m 时，需将车辆靠边停放，开启双闪报警灯、示廓灯，然后离开车辆到路边人行便道上等待。

（4）在普通公路行车时，在路中间道路上行驶，以防路边行人及违章停车者。

（5）在普通公路会车时需鸣笛示意。

（6）高速公路上行驶能见度小于 500 m 时，白天也要开启雾灯、近光灯和示廓灯，车速不得超过 80 km/h，与同一车道行驶的车辆保持 150 m 以上的行车间距。

（7）高速公路上能见度小于 50 m 时，开启雾灯、近光灯、示廓灯和双闪报警灯，车速不得超过 20 km/h，并从最近的出口驶离高速公路。

(8) 如遇故障停车不能修复等待救援时，除按规定设置防护外，车上人员要立即下车到右侧防护栏外的路肩上休息等候。

8. 大风天气驾驶防范措施

(1) 注意行人动向，在刮大风时，行人视野上受到限制，往往只顾走路而不看机动车辆，因此驾驶员开车时必须高度警惕行人动向。

(2) 注意自行车动向，刮大风时，骑自行车的人低着头往前骑，在过交叉路口或在混合交通道路上行车时，驾驶员要高度注意骑车者。开车时必须以中低速度行驶，随时准备制动停车。

(3) 快速闪避障碍物，在大风天开车时，如果突然出现危险，来不及制动或无法刹住车时，必须学会及时躲闪，以求得最大的安全系数。完成闪避动作后，应迅速将方向盘回正。

(4) 防止货车坠物或高空坠物，驾驶货车时对车上装载的物品要捆扎牢固，防止被大风吹走或散落，造成车上物品掉下砸伤行人。为避免出现高空坠物砸车的现象，停车不要溜边儿，远离楼房、电线杆、枯树及居民楼的阳台和窗户。

第三节　预防高处坠落伤害

一、高处作业的概念和类别

(一) 高处作业的概念

《高处作业分级》(GB/T 3608) 定义：凡在距坠落高度

基准面 2 m 及以上，有可能坠落的高处进行的作业称为高处作业。

（二）高处作业的分级

高处作业按照不同的坠落高度，可分为以下四个等级：

（1）一级高处作业：作业高度在 2 m 至 5 m 时，称为一级高处作业。一级高处作业存在着一定的危险性，在这一级高度发生的坠落事故，大部分是轻伤和重伤事故。

（2）二级高处作业：作业高度在 5 m 以上至 15 m 时，称为二级高处作业。在二级高处作业中发生的坠落事故，大多数为重伤和死亡事故。

（3）三级高处作业：作业高度在 15 m 以上至 30 m 时，称为三级高处作业。在三级高处作业中发生的坠落事故基本上是死亡事故。

（4）特级高处作业：作业高度在 30 m 以上时，称为特级高处作业。

（三）高处作业的种类

高处作业按性质和环境的不同，可分为一般高处作业和特殊高处作业两类。

1. 一般高处作业

一般高处作业为正常作业环境下进行的各项作业。

2. 特殊高处作业

特殊高处作业是指较复杂的作业环境下对操作人员具有危险性的作业。

特殊高处作业类别主要分为如下几种情况：

（1）强风高处作业：在阵风风力六级以上的情况下进行的高处作业。

（2）异温高处作业：在高温或低温环境下进行的高处作业。

（3）雪天高处作业：降雪时进行的高处作业。

（4）雨天高处作业：降雨时进行的高处作业。

（5）夜间高处作业：室外完全采用人工照明时进行的高处作业。

（6）带电高处作业：在接近或接触带电体条件下进行的高处作业。

（7）悬空高处作业：在无立足点或无牢靠立足点的条件下进行的高处作业。

（8）抢救高处作业：对突然发生的各种灾害事故，进行抢救的高处作业。

铁路涉及的高处作业主要有车顶作业，护坡、桥梁、隧道顶部作业，支柱、机柱、杆、塔、梯子作业，接触网、灯桥作业，建筑物、构筑物边沿作业等。高处作业容易出现失稳、滑脱、坠落，如果防护措施不到位或操作失误，就有可能发生高处坠落事故。

二、高处坠落事故类型及风险点

依据高处坠落事故对人体伤害的方式，高处作业者工作时所处的部位、作业内容的区别不同，坠落大体可分为如下十种类型。

1. 洞口坠落

洞口坠落风险点：

（1）洞口操作不慎，身体失稳。

（2）走动时候，不小心身落洞口。

（3）坐躺在洞口边缘休息失误落入洞口。

（4）在洞口旁边嬉闹、起哄、打架，无意坠入洞口。

（5）洞口没有安全防护措施。

（6）安全防护措施不牢、不合格或损坏未及时检查。

（7）没有醒目警标。

2. 脚手架坠落

脚手架坠落风险点：

（1）脚踩探头板。

（2）走动时踩空、绊倒、跌倒。

（3）操作时弯腰转身不慎碰到杆件等致身体失稳。

（4）坐在栏杆架子上或站在栏杆、高空架子上作业或在脚手架上休息嬉闹。

（5）脚手板没有满铺或铺设不稳。

（6）没有扎防护栏杆或防护栏杆已经损坏。

（7）操作层下没有铺安全防护层。

（8）脚手架离墙面距离超过 20 cm，没有防护措施。

（9）脚手架超载、损坏。

（10）在脚手架上再用砖垫高或隔脚手板操作。

3. 悬空高处作业坠落

悬空高处作业坠落风险点：

（1）立足面狭小，作业用力过猛，身体失稳，重心超出立足地。

（2）脚底打滑或不慎踩空。

（3）随重物坠落。

（4）身体不舒服行动失稳。

（5）没有系安全带或没有正确使用安全带或走动时取下。

(6) 安全带挂钩不牢固，或没有牢固的挂钩地方。

(7) 现场未设置安全绳。

(8) 作业面下方未设置安全兜网。

4. 踩破轻型屋面坠落

踩破轻型屋面坠落风险点：

(1) 没有使用板梯。

(2) 作业人员没系安全带。

(3) 作业人员操作或移动时不慎踩破石棉瓦或其他轻型屋面结构。

5. 拆除工作中坠落

拆除工作中坠落风险点：

(1) 站在不稳定部件上面从事拆除等工作。

(2) 拆除脚手架、井架、龙门架等没有系安全带。

(3) 拆除井架、龙门架没有预先拴好临时钢丝网。

(4) 人随重物坠落。

(5) 操作者用力过猛，身体失稳。

(6) 楼板架上堆放拆除的材料超载，造成压断楼板等坍塌。

6. 从屋面沿口坠落

从屋面沿口坠落风险点：

(1) 屋面坡度大于25°，无防滑、防坠落安全措施。

(2) 在屋面不慎身体失稳。

(3) 身体不适，突然头晕休克，导致从屋面高空坠落。

(4) 沿口构件不牢或踩断，人随之坠落。

7. 梯子上作业坠落

梯子上作业坠落风险点：

（1）使用坏梯子或梯子超载断裂。

（2）梯脚无防滑措施、使用时滑倒或垫高使用。

（3）梯子没有靠稳或斜度大。

（4）人字架两片间没有用绳或链拉牢。

（5）在梯子上作业方法不当。

（6）人在梯子上移动梯子。

8. 天花板上检修坠落

天花板上检修坠落风险点：

（1）光线太暗，操作时没有铺脚手板或沿屋架上弦走动时不慎踩空。

（2）由于个人生理或心理的原因，在操作时，不慎坠落。

9. 龙门吊转料平台上坠落

龙门吊转料平台上坠落风险点：

（1）龙门吊转料平台口转料平台搭设不符合规范；搭设材料钢管、踏脚板不合格，致平台倒塌，人员坠落。

（2）龙门吊转料平台临边无防护，没有用 1.2 m 高的安全防护栏杆及安全防护网做防护，人员不小心从龙门吊转料平台口临边坠落。

（3）龙门吊转料平台没有照明装置，晚上职工作业不小心从高空坠落。

（4）龙门吊转料平台无安全防护门，或有安全防护门但无扣钩卡，或有防护门及扣钩卡但无人落实，致使职工不小心坠落。

（5）职工在龙门吊转料平台打闹或嬉戏，不小心坠落。

10. 临边作业坠落

临边作业坠落风险点：

（1）楼层周边、屋顶面周边、阳台周边、转料平台周边、楼道周边、顶棚及屋面造型周边等建筑作业面周边无防护，没有安设安全防护栏或安设防护栏不合格，作业人员不慎高空坠落。

（2）作业人员违章作业，在临边嬉戏或酒后作业不慎坠落。

（3）临边防护栏损坏或被人移走没有及时发现，导致人员坠落。

（4）作业人员在临边打架，导致人员坠落。

（5）作业难度大，作业困难，防护不到位或有防护但没按规范要求施工，没经过验收，防护不到位、不合格，工人作业时不慎坠落。

三、预防高处坠落的安全要求

预防高处坠落需加强科学管理，明确岗位责任，熟悉作业方法，掌握技术知识，执行操作规程，正确使用防护用具用品，加强日常检查，做好防范工作，防止人与物从高处坠落的事故发生，才能有效地保障职工的人身安全。

（一）高处作业人员要求

1. 凡从事高处作业的人员必须身体健康，并必须定期进行体格检查。严禁患有高血压、心脏病、严重贫血、美尼尔氏症、癫痫病、精神病、深度近视（500度以上）和其他不适于高处作业的人员从事高处作业。

2. 凡从事高处作业的人员必须经高处作业上岗前安全技术培训，熟知现场环境和施工安全要求，经考训合格后，方可上岗作业。

3. 凡从事高处作业的人员工作中必须服从分工，听从指挥，了解本工作的作业内容和作业区域的环境条件，相互密切配合，行动统一，在保证作业安全的条件下开展作业。

4. 从事高处作业必须设立并明确现场监护人员。对于违章指挥，作业人员有权抵制；对于违章作业，施工作业负责人和监护人有权制止与批评教育；对于不听劝阻者，监护人有权制止，要求停止作业。相关管理人员应随时检查高处作业情况。在雷雨、大雾或六级以上（含六级）大风的气象条件下，不得安排露天高处作业。

5. 从事高处作业的人员必须正确穿戴好劳动防护用品，戴好安全帽、系好安全带（绳），穿好防滑软底鞋，不准穿拖鞋或赤脚作业，应有专门的工作服，扎紧袖口、扣好纽扣、束好衣服下摆、扎好裤管口，不能穿过于宽松和飘逸的衣服，做到衣着灵便。

6. 从事高处作业的人员严禁岗前饮酒，作业中严禁追逐、嬉闹、开玩笑，在作业的高处睡觉。作业中严禁因争抢时间而违章冒险作业。须注意劳逸结合，防止疲劳作业，工间休息应选择安全的地方。

7. 作业完毕要对作业场所进行检查，确认安全无误后方可下班，有交接班的作业必须认真进行交接班，做好交接班记录，做到交班不清楚不接班。

（二）高处作业环境要求

1. 高处作业场所应设定警戒范围并围挡，凡有危险的作业点应及时设置安全警示标志，不得擅自移动。

2. 高处作业场所必须有安全通道，通道不得堆放过多物件、垃圾和废料，边缘及孔洞设置符合安全规定的栏杆或盖板。悬空作业处应有牢靠的立足处，必须配置防护栏网或其他安全设施。夜间进行高处作业必须有足够的照明设备。

3. 脚手架搭设符合规程要求并经常检查维修，工作面必须铺设好脚手板，接头应设置在撑杆上，不得悬空，探头板应采取双边捆绑的防护措施。凡开裂严重、斜纹裂痕、腐朽、硬伤、有空洞、严重变形、有大节疤等缺陷和厚度小于 5 cm 或板宽小于 25 cm 的脚手板严禁投入高处作业使用。

4. 遇有六级及以上强风、浓雾、沙尘暴等恶劣天气，不得进行露天攀登与悬空高处作业。风息、雨停复工前，必须检查已检修安装的构件、设备、架子等是否牢固，如发现问题，应及时完善处理，处理妥当后，方可复工作业。

5. 在轻型或简易结构屋面上作业，应铺木板分散应力以免踩踏屋面。临时使用搭设的支架应稳妥牢固，满足施工作业需要，上方作业面应铺设好脚手板并捆绑牢固，需经验收合格后方可使用。

6. 临边作业应设置防护围栏和安全网。栏杆下方应设踢脚板拦护，以防人员和物件坠落，平台上的脚手板应铺设稳妥，不得有探头板和空洞。临空处下方应设有安全网防护，安全网应悬挑出平台边缘。未设置隔离设施的高处作业，人员不得垂直施工作业。

7. 因工作需要移动或临时拆除的脚手板、安全网、栏杆、安全标志等安全设施，作业完工后必须立即恢复。没有固定的脚手架或不稳定的结构严禁高处作业，必须处理完善后方可开始从事高处作业。

8. 架设的辅助设施（如缆风绳、拉索、吊索、支撑）要设有标志，专人监护，防止有人移动。遇特殊情况下需高处作业的应架设可靠的安全防护辅助设施后，方可进行作业。

9. 冬季施工要做好防冻、防滑、防寒措施，爬梯、杆、柱上要采用草袋（麻片）包裹防滑；霜冻、雨雪天气要先清除霜冻后再进行作业。

（三）高处作业防护用品要求

高处作业特种防护用品应有“三证一标识”，采购时对产品质量进行检查验收，特种防护用品上粘贴的有关标志、标识和检测合格标记等要经常保持完整清晰。

1. 安全帽

安全帽是对使用者头部受坠落物或小型飞溅物体等其他特定因素引起的伤害起防护作用的帽子。

（1）选用经有关部门检验合格，在有效期内的安全帽。

（2）使用前先检查其安全性能，如不符合要求应立即更换。

（3）作业中必须戴好安全帽，安全帽外帽壳必须完好，与内衬有良好的连接。帽系带必须牢固有效，与帽衬连接牢靠，使用安全帽时帽系带必须系牢，有利于防止安全帽脱落。严禁将安全帽当板凳坐。

2. 安全带

安全带是高处作业人员预防坠落伤害的防护用品。

（1）选用经有关部门检验合格的安全带，并保证在使用有效期内。

（2）2 m 以上的高处作业，必须使用安全带。

（3）安全带严禁打结、续接。

（4）作业中必须系好安全带，并且挂在作业处上方（高挂低用）的牢固构架上，不得系挂在有尖锐棱角的部位，不准钩在转动设备或移动部件上。移动作业时应随摘随挂。调车作业使用人力制动机（上闸台溜放、防溜）时，要做到“上车先挂钩”“下车先摘钩”。

（5）在无法直接挂设安全带的地方，应设置挂安全带的安全拉绳、安全栏杆等。

（6）解系安全带转移作业位置时必须落实监护制度，并认真执行二人安全确认呼唤应答制度。

3. 安全网

安全网是防止人、物坠落或用来避免、减轻坠落及物体打击伤害的网具。

（1）选用有合格证的安全网，安全网必须按规定到有关部门检测、检验合格。

（2）安全网若有破损、老化应及时更换。

（3）安全网与架体连接不宜绷得太紧，系结点要沿边分布均匀、绑牢。

（4）立网必须选用密目式安全网，立网不得作为平网使用。

4. 安全防护用品使用要求

作业前必须检查劳动防护用品穿戴情况，安全防护用具在使用前要进行检查，确保其性能完好，应相互检查，发现使用者使用不当应及时给予纠正。

（1）安全带、安全绳、安全帽每次使用前，必须详细检查，凡发现安全带编织带有破损、伤痕及安全绳有伤痕的不准使用。

（2）金属件（半圆环、圆环、8字环、品字环、搭钩等）变形、闭锁装置失效或是焊接件时，不得使用。

(3) 要束紧腰带，腰扣组件必须系紧系正。

(4) 利用安全带进行悬挂作业时，不能将挂钩直接钩在安全带绳上，应勾在安全带绳的挂环上。

(5) 禁止将安全带挂在不牢固或带尖锐角的构件上。

(6) 使用一同类型安全带，各部件不能擅自更换。

(7) 受到严重冲击的安全带，即使外形未变也不可使用。

(8) 严禁使用安全带传递重物。

(9) 安全带要挂在上方牢固可靠处，高度不低于腰部。

(10) 安全带、安全绳使用应妥善保管，湿水后应晾干。

(四) 高处作业安全要求

1. 作业前要进行安全分析，制定安全技术措施并组织交底，向作业人员交代作业任务和安全注意事项，详细了解作业内容和作业部位及周边状况。

2. 作业前应对施工现场进行检查督促，落实安全措施，要对人员行走的通道，行走和站立的脚手板，临空处的栏杆、安全网，上下梯子等进行检查，确认符合安全要求后方可作业。搭设完毕的设施，必须经施工负责人全面检查验收后方能使用。

3. 坡面（陡坡）作业安全桩及固定结构安设应稳固，严禁一个安全桩拴两根及以上安全绳或一根安全绳同时供两人及以上使用，谨防保护失效。未设置隔离设备时，严禁双层垂直作业。

4. 使用移动作业架时，特别是移动作业架钩挂在桥梁人行道栏杆上时，应详细检查人行道、托架 U 形螺栓和作业架，同时应对人行道、承重结构的支架、梁体荷载进行检算。未经检查或检算及检算结果不符有关规定时，不得作业。

5. 严禁在不稳固的脚手架或结构上行走或未采取防护措施进行作业。同时还要及时清理脚手架或结构上的工件和零散物品。

6. 攀登作业安全要求：

(1) 攀登支柱、铁塔、电杆、设备、构架、树、脚手架前要检查其状态，选择攀登方向和条件，攀登时手把牢靠、脚踏稳准。要防止安全带从杆顶、构架等处脱出。

(2) 支架拼装等作业的爬梯应随支架接高及时安装，禁止作业人员始终从结构杆件上攀上攀下。

(3) 用脚扣踏板攀登时，每步登高板扣好，挂钩开口朝上，并收紧挂钩再试拉；用脚扣时要试踏牢稳。要卡牢和系紧，严防滑落，未系好安全带、扣好保险前，禁止进行任何作业。每下一步电杆扣好登高板挂钩，并收紧试拉，每步下杆距离不应过大。禁止不借助于登高工具，而从杆上滑下、跳下。

(4) 高处作业应使用安全可靠的登高工具，严禁利用一般起重设备吊运或攀爬脚手架、设备等方式登高。作业至少需要两人，一人工作，一人监护，禁止一人单独工作和夜间高处作业。

(5) 高处作业所用的工具、零部件、材料等必须装入工具袋，上下时手中不得拿物件，正确使用专门的用具传递各种工具，禁止上下抛掷。

(6) 在杆、塔等高处有人作业时，在下的人员必须处于依上层高度确定的可能坠落范围半径之外，半径内不得有人，杆、塔等下人员应戴安全帽并保持安全距离。

（7）在寒冷地区，冬天在杆、塔等处所上工作时间不宜过长，以防止手脚冻僵，发生意外。

（8）上树砍剪枝时，应有专人防护，作业人员不应攀抓脆弱和枯死的树枝，应站在坚固的树干上，系好安全带。

7. 在石棉瓦、玻璃钢瓦、瓦楞铁、塑料屋顶（或薄板材料、轻型材料）上作业时，必须铺设人字梯、木板，并做好必要的固定措施，以便工作和行走，禁止直接踩踏石棉瓦和玻璃钢瓦。

8. 使用梯子作业安全要求如下：

（1）首先检查梯子是否坚固，放置要牢稳，不可使其动摇或倾斜过度，梯脚应采取防滑措施（包脚），戴好安全帽，必须有人扶梯监护，方可作业。

（2）立梯作业角度一般以 60°左右、上部夹角 35°～45°为宜。梯子不得垫高、接高使用。

（3）金属梯不应在电气设备附近使用。

（4）梯子支柱必须能承受工作人员携带工具攀登时的总重量，梯阶的距离不应大于 40 cm。

（5）必须登在距梯顶不少于 1 m 的梯登上工作。

（6）严禁两人同时在梯上作业。

（7）靠在管子上或金属筒体上使用的梯子，其上端必须用绳索或铅丝扎住。

（8）人在梯子上工作时，严禁移动梯子。上下梯子时，必须面向梯子，且不得手持器物。

（9）人字梯必须具有坚固的铰链和限制开度在 30°～60°的拉链。

(10) 从事高处作业时，必须注意架空电线，做好隔绝措施。要保持规定的安全距离，并要注意防止运送导电材料触碰电线。靠近电源线路作业前，应先联系停电，确认停电后方可进行工作。

(11) 非生产高处作业，打扫卫生、贴刷标语、擦玻璃等需要登高也要按高处作业要求，系好安全带，并且要把安全带拴在牢固的构筑物上。严禁手拉门、窗进行攀登。

第四节　预防物体打击伤害

一、物体打击伤害的概念

物体打击伤害事故是指失控物体的惯性力造成的人体伤害事故，其中包括落下物、飞来物、滚石、锤击、碎裂崩块(不包括因爆炸引起的物体) 等造成的伤害。物体打击伤害是铁路生产中经常发生的一类伤害事故，特别是在作业周期短，作业人员、施工机具、物料投入较多的交叉作业时常有发生。

典型物体打击伤害的场景包括高处作业、交叉作业、起重作业、机械作业等。

二、高处作业物体打击

(一) 高处作业物体打击伤害类型

在生产作业过程中，有位差的作业环境较多，在高位的物体处置不当，容易出现物体坠落伤人的情况，严重威胁低位作业人员的安全。通常问题发生在高位工作人员，受害人员在低位。除了违章操作外，还因缺乏沟通和及时的联系，遇突发情况出现时措手不及、错误操作、盲目蛮干，低位作业人员不按规定穿戴安全帽等劳动保护用品，就会因物体坠落造成人员伤亡事故。通常出现物体打击的情况有：

（1）物体移位失慎落下：若高位的作业人员在移动物体时不注意，一旦移动的物体（如跳板、耐火砖、工具或其他物体等）就会落下砸到下面的作业人员。

（2）传递物失手落下：若高位工作的人员在传递物体时不注意，一旦传接失手或摆放不稳时，传递物体就会落下砸到下面的作业人员。

（3）吊装物体落下：若在吊装物件时，防护设施不足或防护措施不当（如吊笼没有护栏或护栏不足、捆绑不好等），容易发生吊装物件跌落地面。

（4）高层备料、备物超量坠落：若生产作业人员不了解允许最大承受的载荷量知识，盲目堆料、堆物，就容易因备料量超过允许的载荷量，压断平面建筑，而使物体坠落伤人。

（5）放置物失落：若高层生产作业现场，对钢管、钢筋、铁板、焊条、各种工具以及大量扒钉等放置物不及时清理，受各种因素影响，容易发生物体坠落。

（6）乱扔物料坠落：若高处作业人员为图省事，将作业所需物料、拆卸的辅助材料、用剩材料、清理的废弃物等以扔代运、以扔待传的方式处理，极容易发生物体坠落。

（二）高处作业安全注意事项

1. 进入作业现场的人员必须正确佩戴安全帽，安全帽质量应符合现行国家标准《头部防护安全帽》（GB 2811—2019）的规定。

2. 高处作业现场所有可能坠落的物件均应预先撤除或固定。所存物料应堆放平稳，随身作业工具应装入工具袋。作业中的走道、通道板和登高用具，应清扫干净。作业人员传递物件应明示接稳信号，用力适当，不得抛掷。

3. 临近边坡的作业面、通行道路，当上方边坡的地质条件较差，或采用爆破方法施工边坡土石方时，应在边坡上设置阻拦网、插打锚杆或覆盖钢丝网进行防护。

4. 拆除或拆卸作业应符合下列规定：

（1）拆除或拆卸作业下方不得有其他人员。

（2）不得上下同时拆除。

（3）物件拆除后，临时堆放处离堆放结构边沿不应小于1 m，堆放高度不得超过1 m。楼层边口、通道口、脚手架边缘等处，不得堆放任何拆下物件。

（4）拆除或拆卸作业应设置警戒区域，并应由专人负责监护警戒。

（5）拆除工程中，拆卸下的物件及余料和废料均应及时清理运走，构配件应向下传递或用绳递下，不得任意乱置或向下丢弃，散碎材料应采用溜槽顺槽溜下。

（三）高处作业安全操作措施

1. 作业前准备

（1）高处作业前，单位应制定安全措施并填入登高安全作业审批表内。

（2）正确佩戴个人防护用品，检查所用的用具（安全帽、安全带、梯子、跳板、防护板、安全网等）必须安全可靠，禁止冒险作业。

（3）施工作业现场周边必须设立围墙或高度不低于1.8 m

高的临时围挡，并设立警示标志，禁止非作业人员进入现场，邻近公路或其他建筑周边应设置双层防护棚。

2. 作业过程中安全事项

（1）作业人员按生产要求在规定的安全通道内出入和上下，不得在非规定通道位置处通行走动。

（2）高处作业所使用的工具材料零件等必须装入工具袋，上下时手中不得持物。不准投掷工具材料及其他物品。易滑动、易滚动的工具材料堆放在脚手架上时，应采取措施防止坠落。

（3）高处作业与其他作业交叉进行时，必须按指定的路线上下，禁止上下垂直作业。若必须垂直进行作业时，应采取可靠的隔离措施。

（4）施工人员严禁相互间或向上、向下抛物，上下交叉作业必须设防护隔离。

（5）在使用电钻、电锤时采取固定防范措施，砂轮机等转动工具必须可靠，砂轮片、钻头等需固定牢固，以防飞出伤人。

（6）吊运物料必须由持有司索工上岗证人员进行捆扎，吊运散料应用吊篮装好后才能起吊。

（7）高处拆除作业时，对拆卸下的物料，要及时清理运走，不得在平台上任意丢放或向下丢弃。

（8）监护人员、现场管理人员应熟悉周边环境和作业流程，警戒无关人员不得靠近，监督安全设施落实情况，发现作业人员的违规操作及时制止，发现作业异常情况及时组织撤离现场。

三、交叉作业物体打击

交叉作业是在同一工作面进行不同的作业，或者是在同一立体空间不同的作业面进行不同或相同的作业。作业中经常有上下立体交叉的作业，以及处于空间贯通状态下同时进行的高处作业，这些都属于交叉作业的范畴，交叉作业极易发生坠物伤人等安全事故。

（一）交叉作业范围及特点

在工作过程中，在同一作业区域内进行活动，可能危及对方生产安全和干扰作业的问题，主要表现在设备（结构）安装、起重吊装、高处作业、脚手架搭设拆除、材料运输和其他可能危及对方生产安全的作业。两个以上单位在同一作业区域内进行施工作业，因作业空间受限制，人员多，工序多，机械设备、物料多，所以作业干扰多，需要配合、协调的作业多，现场的隐患多，可能造成的后果严重。

（二）交叉作业安全注意事项

1. 交叉作业要设安全栏杆、安全网、防护棚和示警围栏；夜间工作要有足够的照明；作业人员必须体检合格，作业时须戴安全帽，不准穿凉鞋、硬底鞋、塑料鞋及赤脚攀登；作业中不准将工具、材料上下投掷，要用绳索绑牢后吊运；六级及以上大风时不能作业。

2. 支模、砌砖、装饰装修交叉操作时上下不得在同一垂直方向同时操作。下层作业的位置，必须处于依上层高度确定的可能坠落范围半径之外，不符合此条件时，中间必须设置安全防护层（隔离层）。

3. 拆除脚手架与模板时，地面应划有安全区域，并派专人监护操作人员，下方不得有其他操作人员。拆下的模板、脚手架等部件，临时堆放处离建筑物边沿应不小于 1 m，堆放高度不得超过 1 m。楼梯边口、通道口、脚手架边缘等处，严禁堆放拆下物件。

4. 结构施工自二层起，凡人员进出的通道口（包括井架、施工用电梯的进出通道口），均应搭设安全防护棚；高层建筑高度超过 24 m 的层次上的交叉作业，应设双层防护设施；由于上方施工可能坠落物体，以及处于起重机臂架回转范围之内的通道，在其受影响的范围内，必须搭设顶部能防止穿透的双层防护廊或防护棚。

5. 作业双方单位在同一作业区域内进行高处作业时，应在作业前对工作区域采取全封闭、隔离措施，应设置安全警示标识、警戒线或派专人警戒指挥，防止高空落物、施工用具、用电危及下方人员和设备的安全。

第五节　预防起重伤害

一、起重伤害的概念

起重伤害事故是指在进行各种起重作业（包括吊运、安装、检修、试验）中发生的重物（包括吊具、吊臂）坠落、夹挤、物体打击、起重机倾翻、触电等事故。

起重伤害事故可造成重大的人员伤亡或财产损失。在事故多发的特殊工种作业中，起重作业的事故率高，在起重机械调运、安装（拆卸）、维修作业都可能发生事故；伤害范围广，伤害涉及的人员可能是司机、司索工和工作范围内的其他人员；事故后果严重，往往是恶性事故，重伤、死亡人数比例大。

二、事故的主要类型

1. 重物坠落

吊具或吊装容器损坏、物件捆绑不牢、挂钩不当、电磁吸盘突然失电、起升机构的零件故障（特别是制动器失灵，钢丝绳断裂）等都会引发重物坠落。

2. 起重机失稳倾翻

起重机失稳有两种类型，一是由于操作不当、支腿未找平或地基沉陷等原因使倾翻力矩增大，导致起重机倾翻；二是由于坡度或风载荷作用，使起重机沿路面或轨道滑动，导致脱轨翻倒。

3. 高处坠落

人员在离地面大于 2 m 的高度进行起重机的安装、拆卸、检查、维修或操作等作业时，从高处坠落造成的伤害。

4. 挤压

起重机轨道两侧缺乏良好的安全通道或与建筑结构之间缺少足够的安全距离，使运行或回转的金属结构机体对人员造成夹挤伤害；运行机构的操作失误或制动器失灵引起溜车，造成碾压伤害等。

5. 触电

起重作业人员在使用、维修起重机械过程中，因触电遭受电击发生伤害。起重机在输电线附近作业时，其任何部件或吊物与高压带电体距离过近，触碰带电物体或静电感应，也都可能引发触电伤害。

6. 其他伤害

其他伤害是指人体与运动零部件接触引起的绞、碾、戳等伤害；液压起重机的液压元件破坏造成高压液体的喷射伤害；飞出物件的打击伤害；装卸高温液体金属、易燃易爆、有毒、腐蚀等危险品，由于坠落或包装捆绑不牢破损引起的伤害等。

三、起重事故安全防范措施

1. 起重机械必须按期由具有检验资质的机构进行检验。

2. 起重机械应设有能从地面辨别额定荷重的铭牌，严禁超负荷作业。

3. 运送物料用吊钩、吊梁等，设计时应考虑必要的安全系数，并在醒目处标出起重的极限载荷量。

4. 桥式起重机应安装以下安全装置并保证良好有效：超载限制器、升降限位器和运行限位器、联锁保护装置、缓冲器、防冲撞装置、轨道端部止挡、登吊车信号装置及门联锁装置等。

5. 每班第一次工作前，应认真检查吊具是否完好，并进行负荷试吊，即将额定负荷的重物提升离地面 0.5 m 的高度然后下降，以检查起升制动器工作的可靠性。起重机运行前，应先鸣铃，运行中禁止吊物从人头上经过，严格执行“十不吊”。

6. 在起重机上，凡是高度不低于 2 m 的一切合理作业点，包括进入作业点的配套设施，都应予以防护，设置防护栏杆。

7. 起重机械电气设备金属外壳、电线保护金属管、金属结构等按电气安全要求，做到可靠接地（接零），通过车轮和轨道接地（接零）的起重机轨道两端应采取接地或接零保护，轨道的接地电阻以及起重机上任何一点的接地电阻均不得大于 4 Ω。

8. 一般情况下不得使用两台起重机共同起吊同一重物。在特殊情况下，确实需要两台起重机起吊同一重物时，重物及吊具的总重量不得超过较小一台的起吊额定重量的两倍，并应有可靠的安全措施。

四、起重机安全操作措施

1. 作业前准备

（1）必须正确佩戴个人防护用品。起重机司机、指挥人员需持证上岗。

（2）检查清理作业场地，确定搬运路线，清除障碍物。室外作业应了解天气预报。流动式起重机要垫实支撑地面，牢固可靠打好支腿，防止地基沉陷。

（3）对起重机各设备部件状态和吊装工具、辅件等进行安全检查、交接。

（4）熟悉吊物状况，根据技术数据进行受力计算，确定吊点位置和捆绑方式。

（5）对于大型、重要物件吊运或多台共同作业吊装，须由物件有关人员、指挥人员、起重机司机和司索人员共同确定作业方案，必要时提报审查批准。

（6）作业前做好安全预测，对可能出现的事故，采取有效预防措施，制定应急处置对策。

2. 作业过程中安全事项

（1）操作前和操作中接近人，必须及时鸣铃或示警。

（2）操作过程中，遵守“六不准”，即：不准利用权限位置限制器停车；不准利用打反车进行制动；不准在起重作业中进行检查和维修；不准带载调整起升、变幅机构的制动器，或带载增大作业幅度；不准吊物从人头顶上通过；吊物和起重臂下不准站人。

（3）严格按指挥信号操作，接到紧急停止信号，均必须立即紧急停止作业。

（4）吊载接近或达到额定值重物时，或起吊危险品（液态金属、有害物、易燃易爆物）时，吊运前认真检查制动器，并用小高度、短行程试吊，确认没有问题后再吊运。

3. 作业过程中指挥注意事项

（1）无论采用何种指挥信号，必须规范、准确、明了。

（2）指挥者所处位置应能全面观察作业现场，并使司机、司索工都可清楚看到。

（3）在作业进行的整个过程中（特别是重物悬挂在空中时），指挥者和司索工都不得擅离职守，应密切注意观察吊物及周围情况，发现问题，及时发出指挥信号。

（4）作业工程中，所有人员应根据现场作业条件选择安全的位置作业。在卷扬机与地滑轮之间穿越钢丝绳的区域，禁止人员停留和通行。起重吊装过程中必须设专人指挥，其他人员必须服从指挥。

4. 起重作业“十不吊”

起重作业过程中严格执行“十不吊”：

（1）超重或埋藏地下物不吊；

（2）非信号人员指挥或信号不明不吊；

（3）重量不明不吊；

（4）吊钩没对准货物重心（歪拉斜拽）不吊；

(5) 未试吊不吊；

(6) 简化挂索、捆绑不牢不吊；

(7) 6 m 以上长大件货物无牵引绳不吊；

(8) 货件上有人，有浮摆物或勾连其他货件不吊；

(9) 吊索夹角过大不吊（不宜超过 90°）；

(10) 金属尖锐棱角货物吊索无衬垫不吊。

5. 起重作业“三不越过”

起重作业过程中吊运物坚持“三不越过”：

(1) 不从人头上越过。

(2) 不从汽车、列车头上越过。

(3) 不从设备上越过。

6. 作业完毕

(1) 将吊钩升至规定高度，吊钩不准悬挂重物；小车停到驾驶室一端。

(2) 露天起重机作业完毕后应加以锚定。

(3) 各控制器手柄必须放于零位，切断电源。

(4) 认真填写运行记录、交接班记录，特别是不安全因素必须交代清楚。

工作中突然断电，应将所有控制器手柄扳回零位；重新工作前，应检查起重机是否正常。

第六节　预防机械伤害

一、机械伤害的概念

机械伤害事故是一种比较常见的安全事故，指机械设备运动（静止）部分、工具、加工件直接与人体接触引起的夹击、碰撞、剪切、卷入、绞、碾、碰、切、割、轧等形式的伤害。各类转动机械的外露传动部分和往复运动部分都有可能对人体造成机械伤害。

二、机械伤害事故风险

1. 引入或卷入碾轧的风险

引起这类伤害主要是相互配合运动的机械或零部件，例如啮合的齿轮之间，带与带轮、链与链轮之间，两个做相对回转运动的辊子之间等。

2. 卷绕和绞缠的风险

引起这类伤害主要是做回转运动的机械零部件。例如轴类零部件，包括联轴器、主轴、链轮、齿轮、皮带轮等圆轮形零件的轮辐，旋转凸轮的中空部位等。旋转运动的机械部件将人的头发、饰物（如项链）、手套、肥大衣袖或下摆随回转件卷绕，继而引起对人的伤害。

3. 挤压、剪切和冲击的风险

引起这类伤害主要是做往复直线运动的机械零部件。如大型机床的移动工作台、刨床的滑枕、剪切机的压料装置和刀片、机床的升降台等。

4. 飞出物打击的风险

由于发生断裂、松动、脱落或弹性位能等机械能释放，使失控物件飞甩或反弹对人造成伤害。例如，轴的破坏引起装配在其上的带轮、飞轮等运动零部件坠落或飞出；由于螺栓的松动或脱落，引起被紧固的运动零部件由弹性元件的位能引起的弹射。例如，弹簧、带等的断裂；在压力或真空下的液体或气体位能引起的高压流体喷射等。

5. 碰撞和刮蹭的风险

机械结构上的凸出、悬挂部分，机床的手柄，长大加工件伸出机床的部分等。这些物件无论是静止的还是运动的，都可能产生危险。

6. 切割和擦伤的风险

切削刀具的锋刃，零件表面的毛刺，工件或废屑的锋利飞边，机械设备的尖棱、利角、锐边、粗糙的表面（如砂轮、毛坯）等，这些由形状产生的危险，占了机械伤害很大比重。

三、机械伤害事故致因

造成机械伤害事故的因素主要包括以下几种：

1. 机械设备零、部件做旋转运动时造成的伤害。例如机械设备中的轮、皮带轮、滑轮、卡盘、轴、光杠、丝杠、联轴节等零、部件都是做旋转运动的，旋转运动造成人员伤害的主要形式是绞伤和物体打击伤。

2. 机械设备的零、部件做直线运动时造成的伤害。例如锻锤、冲床、切钣机的施压部件、牛头刨床的床头，龙门刨床的床面及桥式吊车大、小车和升降机构等，都是做直线运动。做直线运动的零、部件造成的伤害事故主要有压伤、砸伤、挤伤。

3. 刀具造成的伤害。例如车床上的车刀、铣床上的铣刀、钻床上的钻头、磨床上的磨轮、锯床上的锯条等都是加工零件用的刀具。刀具在加工零件时造成的伤害主要有烫伤、刺伤、割伤。

4. 手用工具造成的伤害。例如使用手锤时落点不准确，砸碰伤手指；使用管钳松脱，撞伤手臂。手是人类最重要的“工具”，也是最易被手用工具伤害的身体部位。

5. 被加工的零件造成的伤害。机械设备在对零件进行加工的过程中，有可能对人身造成伤害。这类伤害事故主要有：①被加工零件固定不牢被甩出打伤人，例如车床卡盘夹不牢，在旋转时就会将工件甩出伤人。②被加工的零件在吊运和装卸过程中，可能造成砸伤。

6. 电气系统造成的伤害。工厂里使用的机械设备，其动力绝大多数是电能，因此每台机构设备都有自己的电气系统。主要包括电动机、配电箱、开关、按钮、局部照明灯以及接零（地）和馈电导线等，电气系统对人的伤害主要是电击。

7. 其他的伤害。机械设备除去能造成各种伤害外，还可能造成其他一些别的伤害。例如有的机械设备在使用时伴随着发生强光、高温，还有的放出化学能、辐射能，以及尘毒危害物质等，这些对人体都可能造成伤害。

四、机械操作安全要求

（一）一般安全知识

1. 未经授权许可，任何人不得拆除设备的安全装置或对安全装置进行改造。严禁动用未经授权许可操作的设备。严禁随意更改设备的参数，以免影响安全操作。

2. 作业前穿戴好相应个人防护用品，着装要“三紧”：领口紧，袖口紧，下摆紧。操作旋转设备，严禁戴手套、穿宽松的衣服，长头发必须用头巾包好。

3. 设备的危险处所、存在不安全因素的部件，需要设置安全标志及明显的指示牌。

4. 不得用手或身体任何部位接触运转中设备的运动部件。

5. 2 m 以下的齿轮、三角带、联轴器均需设置安全护罩并妥加维护。

6. 有联锁装置的防护门在联锁失效后严禁操作。

7. 需要打开或卸下安全装置时，应有显示危险的标志，防止设备被意外启动。

（二）操作安全要求

1. 作业前安全要求

（1）作业前对设备进行点检，严禁设备带故障运行。检查操作手柄是否已经退回空挡位置上；防护装置安装的位置是否正确，有无松动现象。

（2）检查是否有维修人员在维修，输送带上是否有杂物。查看交接班记录，异常情况是否已经处理完毕。

（3）开机前禁止将各种工具、工件材料放在设备台面上，防止坠落伤人。

2. 作业时安全要求

（1）启动、关停机时要提醒周围人员或发出相应的开停信号。

（2）先空车运转试机，确认正常后再开始工作。

（3）设备运行中，禁止身体任何部位靠近、接触设备运动或旋转部件。

（4）操作机床时，在旋转刀具（钻头、丝攻、铣刀等）未完全停止转动前，不得用手接触刀具或使用工具制动。

（5）操作车床、铣床等设备，操作者应佩戴防护眼镜；

禁止徒手清理铁屑等杂物。

（6）设备运转时，不得随意离开岗位，不得串岗作业。

（7）禁止伸手越过转动的部位或工件进行操作、调整。

（8）紧固卡盘后要将手柄卸下才能开车运行，以免手柄飞出伤人。

（9）不能直接用压缩空气吹扫或用手直接清理工作台上的切屑，以免伤到自己或他人。

3. 异常情况和停机处理

（1）操作设备时发现任何异常状态应立即停机，报告主管或请设备维修人员进行检查；严禁操作人员私自维修设备。

（2）清理、维护、维修设备时，必须停机后进行。

（3）设备长时间不用时，必须使机器各部件设定归为零位，并切断电源、气源、水源。

五、机械伤害防范措施

（一）操作人员的安全管理

1. 建立健全安全操作规程和规章制度。

2. 抓好三级安全教育和业务技术培训、考核；提高安全意识和安全防护技能；做到“四懂、三会”（懂原理、懂构造、懂性能、懂工艺流程；会操作、会保养、会排除故障）。

3. 正确穿戴个人防护用品。

4. 按规定进行安全检查。

5. 严格遵守劳动纪律，杜绝违章操作或习惯性违章。

（二）机械设备的安全要求

1. 设计要求

在设计过程中，对操作者容易触及的可转动零部件应尽可能封闭，对不能封闭的零部件必须配置必要的安全防护装置。

2. 运行要求

对运行中的生产设备或零部件超过极限位置的，应配置可靠的限位、限速装置和防坠落、防逆转装置。

3. 用电要求

对电气线路有防触电、火灾报警装置。

4. 劳动保护要求

对工艺过程中产生粉尘和有害气体或有害蒸汽的设备，应采用自动加料、自动卸料装置，以及吸入、净化和排放装置；对有害物质的密闭系统，应避免跑、冒、滴、漏现象，必要时应配置防泄漏检测报警装置；对生产剧毒物质的设备，应有渗漏应急救援措施。

（三）提高零、部件的安全可靠性

1. 合理选择结构、材料和工艺。

2. 接纵器必须采用联锁装置或保护措施。

3. 设置防滑、防坠落及预防人身伤害的防护装置，如限位装置、限速装置、防逆转装置、防护网等。

4. 设置安全控制系统，如配置自动监控系统、声光报警装置等。

5. 配置足够数量、形状有别于一般装置的紧急开关。

（四）加强危险部位的安全防护

1. 对各种机械的传动带、明齿轮、接近地面的联轴节、皮带轮、飞轮等容易伤害人体的部位，要配备完好的防护设施。

2. 检修、检查机械设备时，落实各项安全措施。被检修的机械必须切断电源，并落实电源控制安全措施，防止因定时电源开关作用或临时停电等因素而误判造成事故。检修试车时，严禁人员留在机械设备内进行试车。

3. 各种电源开关要布置合理并有明显标志，防止误启动设备发生伤害事故。对投料口、绞笼井等部位应设置警示牌、护栏及盖饭等，防止操作人员发生误操作。

（五）特殊安全规定

防止机械伤害的“一禁、二必须、三定、四不准”的安全规定：

1. 不懂电器和机械的人员严禁使用和摆弄机电设备。

2. 机电设备应完好，必须有可靠有效的安全防护装置。

3. 机电设备停电、停工休息时必须拉闸关机，电箱按要求上锁。

4. 机电设备应做到定人操作，定人保养、检查。

5. 机电设备应做到定机管理、定期保养。

6. 机电设备应做到定岗位、定岗位职责。

7. 机电设备不准带病运转。

8. 机电设备不准超负荷运转。

9. 机电设备不准在运转时维修保养。

10. 机电设备运行时，操作人员不准将头、手、身伸入运转的机械行程范围内。

第七节　预防中毒和窒息伤害

一、中毒

有毒物质在体内起化学作用而引起机体组织破坏、生理机能障碍甚至死亡等现象称为中毒。

（一）中毒的分类

按接触毒物时间长短，发病缓急，可将中毒可分为急性、慢性和亚急性中毒等表现形式。急性中毒是指人在生产作业过程中，因一次或短时间内（几秒钟至数小时）大量接触毒物引起的中毒。慢性中毒是指毒物少量长期进入人体而引起的中毒。亚急性中毒介于急性与慢性中毒之间，但要严格区分亚急性中毒与急性、慢性中毒之间的界限，有时也比较困难。

按生物作用性质分类，可将毒物分为刺激性气体、窒息性气体、麻醉性毒物、溶血性毒物、致敏性毒物等。

1. 刺激性气体

刺激性气体是对眼睛和呼吸道粘膜有刺激性的一类有害气体的统称，是生产中最常见的有害气体。有氯、氨、氮氧化物、光气、氟化氢、二氧化硫和三氧化硫等。

2. 窒息性气体

窒息性气体是导致人体缺氧而窒息的气体。根据它对人体的作用不同，可以分两类。

（1）单纯性窒息性气体。其本身无毒，但由于它们存在对氧的排斥，而造成机体缺氧。如氮气、甲烷和二氧化碳等。

（2）化学性窒息性气体。其主要危害是对血液或组织产生特殊的化学作用，使氧的运送和组织利用氧的功能发生障碍造成组织缺氧。如硫化氢、一氧化碳、氰化物等。

3. 麻醉性毒物

大多数有机溶剂（有机溶剂是指能溶解油质、蜡、树脂、橡胶和染料等物质的有机化合物）蒸汽和烃类经呼吸道和皮肤进入人体，对机体引起全身性毒性作用。如苯、甲苯、二甲苯、二硫化碳、汽油、煤油、甲醇、乙醇、醋酸乙酯、醋酸丁酯、丙酮等。

4．溶血性毒物

该类毒物进入机体后，随血液循环分布至全身，与红细胞结合，破坏细胞膜或形成赫恩氏小体，导致溶血，因溶血可造成对肾脏的损害。如砷化氢、苯肼、苯胺、硝基苯等。

5．致敏性毒物

化学物引起的变态反应，是一种免疫损伤反应，与接触毒物剂量无关，而与发病者的个体敏感性有关。致敏性毒物包括：金属化合物，如铂盐、镍盐等；异氰酸酯，如甲苯二异氰酸酯；有机磷杀虫剂，如对硫磷、敌百虫等。

（二）毒物进入人体途径

在生产环境中，毒物主要经呼吸道、皮肤和消化道进入人体。

1．呼吸道

经过研究发现，在所有的职业中毒病例之中，约有95％是因为工矿企业空气中的蒸汽和粉尘等有毒物质，经过呼吸道进入人体而引起的。同时，吸入的毒物越多，中毒的程度也就越深。毒物经呼吸道由鼻、咽部、气管、支气管到达肺部，由肺泡直接进入血液循环，毒作用发生快。

2．皮肤

毒物经皮吸收的途径有两种：一是通过表皮屏障到达真皮而进入血循环；另一种是通过汗腺，或通过毛囊与皮脂腺绕过表皮屏障到达真皮。影响毒物经皮肤吸收的因素有：毒物本身的化学特性，毒物的浓度和黏稠度，皮肤的接触部位、面积，环境温度、湿度等。

3. 消化道

有不少毒物可以通过口腔进入消化道，从而引起中毒，而胃肠道的酸碱度是影响毒物吸收的重要因素，胃内的食物可以起到促进或者阻止毒物通过胃壁吸收的作用。如蛋白质和粘液蛋白类的食物，可减少人体对毒物的吸收。

（三）毒物对人体的危害

1. 急性中毒对人体的危害

急性中毒属短时间内大量毒物迅速作用于人体后发生的病变。由于毒物的性能不同，对人体各系统的危害亦不相同，主要作用于人体的呼吸系统、神经系统、血液系统、泌尿系统、循环系统和消化系统等。此外，毒物还可能对人体机能造成不可修复性伤害。

（1）对呼吸系统的危害：刺激性气体、有害蒸汽和粉尘等毒物，对呼吸系统将会引起窒息、呼吸道炎症和肺水肿等病症。

（2）对神经系统的危害：四乙基铅、有机汞、苯、环氧乙烷、三氯乙烯、甲醇等毒物，会引起中毒性脑病，表现在神经系统症状，如头晕、头痛、恶心、呕吐、嗜睡、视力模糊以及不同程度的意识障碍等。

（3）对血液系统的危害：急性职业病中毒可导致白细胞增加或减少，高铁血红蛋白的形成及溶血性贫血等。

（4）对泌尿系统的危害：在急性中毒时，有许多毒物可引起肾脏损害，如四氯化碳中毒，会引导起急性肾小管坏死性肾病。

(5) 对循环系统的危害：毒物锑、砷、有机汞农药等，可引起急性心肌损害；在三氯乙烯、汽油等有机溶剂的急性中毒中，毒物刺激β-肾上腺素受体而致心室颤动；刺激性气体引起的肺水肿，由于渗入大量血浆及肺循环阻力的增加，可能出现肺原性心脏病。

(6) 对消化系统的危害：经口的汞、砷、铅等中毒，可发生严重的恶心、呕吐、腹痛、腹泻等类似急性肠胃炎的症状；一些毒物，如硝基苯、三硝基甲苯、三氯甲烷及一些肼类化合物，会引起中毒性肝炎。

2. 慢性中毒对人体的危害

慢性中毒属长期受少量毒物的作用，而引起的不同程度的中毒现象。引起慢性中毒的毒物，绝大部分具有积蓄作用。人体接触毒物后，数月或数年后才逐渐出现临床症状，其危害也是根据毒物的性能，表现于人体的各系统。大致有中毒性脑、脊髓损害、中毒性周围神经炎、神经衰弱症候群、神经官能症、溶血性贫血、慢性中毒性肝炎、慢性中毒性肾脏损坏、支气管炎以及心肌和血管的病变等。

二、有限空间窒息

当有害物质浓度大于立即威胁生命或健康（IDLH）浓度或虽经通风但有毒气体浓度仍高于工作场所有害因素职业接触限制所规定的浓度要求（硫化氢 10 mg/m^3）或缺氧时（低于 18%）容易发生有限空间窒息。有限空间窒息伤害是指有限空间因自然通风不良，有毒有害、易燃易爆物质积聚或含氧量不足，造成作业人员中毒窒息。有限空间需同时满足三个条件，即：体积足够大，人能够完全进入；进出口有限或受到限制；不是设计为长时间占用空间。

（一）有限空间窒息类型

有限空间窒息一般可分为单纯性窒息和化学性窒息两种。

1. 单纯性窒息

单纯性窒息气体如氢气、甲烷、二氧化碳等，这类气体本身毒性很低，但因其在空气中含量高，使氧的相对含量降低，单纯性窒息气体含量大于84%时，导致人因缺氧出现窒息症状，如头晕、头痛、呼吸困难、心跳加快，以致昏迷和死亡。

2. 化学性窒息

化学性窒息气体如一氧化碳、氰化物、硫化氰等，主要危害是对血液或组织产生特殊的化学作用，使血液运送氧的能力和组织利用氧的能力发生障碍造成全身组织缺氧，引起窒息。化学性窒息气体在空气中浓度过高时，吸入后可使人呼吸停止，在极短时间内死亡。

（二）常见有限空间窒息性气体

1. 一氧化碳

一氧化碳是无色无味气体，能均匀散布于空气中，微溶于水，一般化学性不活泼，但浓度在13%～75%时能引起爆炸。一氧化碳多数属于工业炉、内燃机等设备不完全燃烧时的产物，也有来自煤气设备的渗漏。一氧化碳毒性大，人体吸入含有大量一氧化碳的空气后，一氧化碳很快与血红蛋白结合而大大降低血红蛋白吸收氧的能力，使人体各部分组织和细胞产生缺氧，引起窒息和血液中毒，严重时造成死亡。当空气中一氧化碳浓度达0.4%时，人在很短时间内就会失去知觉，若抢救不及时就会中毒死亡。

2. 硫化氢

硫化氢是无色有明显的臭鸡蛋气味的可燃气体，可溶于水。硫化氢是强烈的刺激神经的毒物，可引起窒息，即使低浓度硫化氢对眼和呼吸道也有明显的刺激作用。低浓度时可因其明显的臭蛋气味而被察觉，然而持续接触使嗅觉变得迟钝，高浓度硫化氢能使嗅觉迅速麻木。轻度中毒时，眼睛出现畏光、流泪、眼刺痛，还可能有眼睑痉挛、视力模糊症状；鼻咽部灼热感、咳嗽、胸闷、恶心、呕吐、头痛、乏力，腿部有疼痛感觉。中度中毒时，意识模糊，可有几分钟失去知觉，但无呼吸困难。严重中毒时，人不知不觉进入深度昏迷，伴有呼吸困难、心动过速和阵发性强直性痉挛。大量吸入硫化氢立即产生缺氧，可发生“电击样”中毒，引起肺部损害，导致窒息死亡。

3. 二氧化硫

二氧化硫是无色、有硫酸味的强刺激性气体，易溶于水，与水蒸气接触生成硫酸，对眼睛、呼吸道有强烈的刺激和腐蚀作用，可引起喉咙和支气管发炎、呼吸麻痹，严重时引起肺水肿。二氧化硫是一种活性毒物，在空气中可以氧化成三氧化硫，形成硫酸烟雾，其毒性要比二氧化硫大 10 倍。二氧化硫对呼吸器官有强烈的腐蚀作用，使鼻、咽喉和支气管发炎。当空气中二氧化硫浓度达到一定数值时，可引起支气管炎和肺水肿，短时间内即可造成死亡。

4. 氮氧化物

氮氧化物是棕红色气体，对呼吸器官有强烈刺激，能引起急性哮喘病，实验证明，二氧化氮会迅速破坏肺细胞，可能是肺气肿和肺瘤的病因之一。即使是暴露于二氧化氮的时间很短，肺功能也会受到损害；如果长时间暴露于二氧化氮，呼吸道感染的机会就会增加，而且可能导致肺部永久性气质性病变。

5. 光气

职业性急性光气中毒是在生产环境中吸入光气引起的以急性呼吸系统损害为主的全身性疾病。光气生产中，氯代烃高温燃烧中，光气进行有机合成，制造染料、农药、医药等生产中均可接触到光气。生产环境中长时间存在一定浓度的光气可致严重中毒或死亡。

三、预防中毒窒息的措施

1. 对从事有中毒窒息危险作业的人员，必须进行防毒急救安全知识教育，其内容应包括所从事作业的安全知识、有毒有害气体的危害性、紧急情况下的处理和救护方法等。

2. 进入有限空间作业，首先要详细了解作业现场情况和以往事故情况，有针对性地准备检测和防护器材。必须对作业环境的氧含量、可燃气体含量、有毒气体含量进行检测。

有限空间容积较大时，应对上、中、下各部位取样检测，保证有限空间内部任何部位的可燃气体浓度和氧含量合格，有毒有害物质不得超过国家规定的“车间空气中有毒物质最高容许浓度”指标；有限空间内温度宜在常温左右。监测结果如有一项不合格，应立即停止作业。作业人员进入有限空间要佩戴便携式气体报警仪，作业中应定时监测，至少每 2 h 监测一次，如监测分析结果有明显变化，则应加大监测频率。对可能释放有害物质的有限空间，应连续监测，情况异常时应立即停止作业，撤离人员，对现场进行处理，分析合格后方可恢复作业。

3. 在有毒场所作业时，必须佩戴防护用具和有效的通信工具，必须有专人监护。进入高风险区域进行检查、仪表调校、清罐等作业时，作业人员应佩戴符合要求的防护用品，携带便携式报警仪，两人同行，一人作业、一人监护。

4. 在有毒或有窒息危险的岗位，要制定应急救援预案，配备相应的防护器具。应急预案的内容应包括作业人员紧急状况时的逃生路线和救护方法，现场应配备救生设施等，作业人员应熟知应急预案内容。

有限空间作业的现场要配备一定数量符合规定的应急救护器具（包括空气呼吸器、供风式防护面具、救生绳等），出入口内外不得有障碍物，保证其畅通无阻，便于人员出入和抢救疏散。

5. 进入有限空间作业时，为保证空气流通和人员呼吸需要，可采用自然通风，必要时采取强制通风，严禁向内充氧气。进入有限空间内的作业人员每次工作时间不宜过长，应轮换作业或休息。

6. 对各类有毒物品和防毒器具必须有专人管理并定期检查；涉及和检测有毒物质的设备、仪器要定期检查，保持完好。

四、一氧化碳中毒防范和急救

（一）一氧化碳中毒症状

1. 轻度：头痛、头晕、心慌、恶心，呕吐症状。

2. 中度：面色潮红、口唇樱桃红色、多汗、烦躁，逐渐昏迷。

3. 重度：神志不清、呼之不应、大小便失禁、四肢发凉、瞳孔散大、血压下降、呼吸微弱或停止、肢体僵硬或瘫软、心肌损害或心律失常。

4. 发现时间过晚，吸入煤气过多，或在短时间内吸入高浓度的一氧化碳，血液碳氧血红蛋白浓度常在50%以上，病人呈现深度昏迷，各种反射消失，大小便失禁，四肢厥冷，血压下降，呼吸急促，会很快死亡。一般昏迷时间越长，愈后越严重，常留有痴呆、记忆力和理解力减退、肢体瘫痪等后遗症。

（二）一氧化碳中毒防范措施

1. 尽可能避免在密闭室内或空间使用燃气热水器、燃气炉灶以及生炉取暖，居室内火炉要安装烟囱，及时开窗通风。

2. 不使用淘汰热水器，规范安装淋浴器，不要将热水器安装在浴室内。冬天洗澡时浴室门窗不要紧闭，洗澡时间不要过长。

3. 定期维护煤气管道，防止管道老化、跑气、漏气，烧煮时防止火焰被扑灭，导致煤气溢出。

4. 不在密闭的室内食用烧炭火锅、点炭火盆。

5. 经常清洗以及检查脱排油烟机的翻盖，使其保持开启自如，避免废气倒灌。

6. 不要躺在车门车窗紧闭、开着空调的汽车内睡觉；长途行车，如开内循环注意定期开窗通风。

7. 有条件的在所有有一氧化碳毒源的区域安装一氧化碳报警器。

（三）一氧化碳中毒现场急救

1. 如在使用煤炉、柴炉取暖或使用燃气热水器洗澡时有头晕、胸闷症状，要尽快打开门窗，脱离现场。若全身乏力不能站立，可在地上匍匐爬行，迅速逃生。闻到有煤气味后，不开灯，不接触门铃，不点明火，防止发生爆炸。

2. 救助他人时，因一氧化碳的比重比空气略轻，故浮于上层，救助者如匍匐进入现场会更安全（用湿毛巾捂口鼻），关闭煤气。打开门窗通风，迅速将患者转移到通风保暖处平卧，解开衣领及腰带以利其呼吸顺畅。

3. 对于昏迷不醒的患者应确保呼吸道通畅，可将其头部偏向一侧，以防呕吐物误吸入肺内导致窒息。为促其清醒可用针刺或指甲掐其人中穴。若其仍无呼吸则需立即开始口对口人工呼吸。必须注意，对一氧化碳中毒的患者人工呼吸的效果远不如医院高压氧舱的治疗。

4. 呼叫救护车，将中毒者送往有高压氧仓的医院抢救。中毒严重及有昏迷史者清醒后也一定要送医院接受高压氧治疗，以免发生严重后遗症，出现脑功能障碍。在送往医院的途中人工呼吸绝不可停止，以保证大脑的供氧，防止因缺氧造成的脑神经不可逆性坏死。

第八节　预防火灾爆炸伤害

一、预防火灾伤害

（一）火灾的概念

火灾是指在时间和空间上失去控制的燃烧所造成的灾害。燃烧是可燃物与氧化剂作用发生的放热反应，通常伴有火焰、发光和（或）发烟现象。物质燃烧过程的发生和发展，必须具备以下三个物质必要条件，即：可燃物、氧化剂和温度（着火源）。只有这三个条件同时具备，才可能发生燃烧现象，无论缺少哪一个条件，燃烧都不能发生。

（1）可燃物（着火源）。凡是能与空气中的氧或者其他氧化剂起燃烧化学反应的物质称为可燃物。可燃物按其状态分为气体可燃物、液体可燃物和固体可燃物。可燃物大多是含碳和氢的化合物，某些金属如镁、铝等在某些条件下也可以燃烧。

（2）氧化剂（助燃剂）。帮助和支持可燃物燃烧的物质，即能与可燃物发生氧化反应的物质，称为氧化剂。燃烧过程中的氧化剂主要是空气中游离的氧，此外如氟、氯等也可以作为燃烧反应的氧化剂。

（3）温度（引火源）。温度是指供给可燃物与氧或助燃剂发生燃烧反应的能量来源，常见的是热能（包括化学能、电能、机械能等转化的热能）。

（二）火灾的分类

在各种灾害中，火灾是最经常、最普遍地威胁人身安全和社会发展的主要灾害之一。火灾过程不但产生巨大的热量，而且生成气体、蒸汽、固体物质和浓烟。在燃烧过程中，产生的物质有些是有毒有害的，对人体具有刺激、麻醉作用，直接威胁职工的人身安全。因此，职工有必要认识火灾的类型，了解其燃烧特性，便于在面对火情时，有针对性的处置，避免因盲目采取措施引发更大的伤害。

1. 按可燃物的类型和燃烧特性划分

火灾根据可燃物的类型和燃烧特性可分为如下六类：

（1）A类火灾：指固体物质火灾。这种物质通常具有有机物质性质，一般在燃烧时能产生灼热的余烬。如木材、干草、煤炭、棉、毛、麻、纸张等火灾。

（2）B类火灾：指液体或可熔化的固体物质火灾。如煤油、柴油、原油、甲醇、乙醇、沥青、石蜡、塑料等火灾。

（3）C类火灾：指气体火灾。如煤气、天然气、甲烷、乙烷、丙烷、氢气等火灾。

（4）D类火灾：指金属火灾。如钾、钠、镁、钛、锆、锂、铝镁合金等火灾。

（5）E类火灾：指带电火灾。物体带电燃烧的火灾。

（6）F类火灾：指烹饪器具内的烹饪物（如动植物油脂）火灾。

2. 按火灾等级划分

火灾根据等级划分可以分为如下四类：

（1）特别重大火灾：指造成30人以上死亡，或者100人以上重伤，或者1亿元以上直接财产损失的火灾。

（2）重大火灾：指造成10人以上30人以下死亡，或者50人以上100人以下重伤，或者5 000万元以上1亿元以下直接财产损失的火灾。

（3）较大火灾：指造成3人以上10人以下死亡，或者10人以上50人以下重伤，或者1 000万元以上5 000万元以下直接财产损失的火灾。

（4）一般火灾：指造成3人以下死亡，或者10人以下重伤，或者1 000万元以下直接财产损失的火灾。

（三）火灾的过程

根据火灾温度随时间的变化特点，可以将火灾发生过程分为四个阶段，即火灾初起阶段、火灾发展阶段、火灾猛烈阶段和火灾熄灭阶段。

1. 火灾初起阶段

初起火灾一般指发生火灾初期 15 min 之内的火灾，该阶段的特点是：燃烧范围不大，建筑物及其放置物品尚未燃烧，燃烧仅限于初始起火点火源附近；在燃烧区域及其附近存在高温，其他区域温度低，烟和气体流动缓慢；燃烧不大、火焰不高、辐射热不强。燃烧蔓延时间因起火源、可燃物性质和分布、通风条件等影响而差别较大。初起阶段火势发展比较缓慢，是灭火的最好时机。

2. 火灾发展阶段

随着燃烧继续，周围可燃物质或建筑构件被迅速加热，气体对流增强，燃烧速度加快，燃烧面积逐渐扩大，除室内的可燃物燃烧之外，建筑物的可燃装修由局部燃烧迅速扩大，环境温度上升很快，当达到室内固体可燃物全表面燃烧的温度时，被高温烘烤分解、挥发出的可燃气体可能使整个空间都充满火焰。此时灭火是较危险的，要及时正确运用灭火器材进行灭火。如果没有灭火能力，应当及时逃生并报警，大声呼救，组织疏散他人，及时向有关部门汇报。

3. 火灾猛烈阶段

由于燃烧时间继续延长，燃烧速度不断加快，燃烧面积迅速扩大，空间内所有可燃物都在猛烈燃烧，放热量很大，温度迅速升高，并出现持续性高温，最高温度可达 1 100～1 200 ℃，气体对流达到最快速度，热辐射很强，火焰、高温烟气从房间的开口大量喷出，使火灾蔓延到建筑物的其他部分，遇到可燃物后，引起连环燃烧，建筑构件的承重能力急剧下降，严重时，造成建筑物局部或整体坍塌破坏。此时灭火是最危险的，要抓紧时机，正确运用灭火原理，有效控制火势，自我保护。此时的浓烟、毒气和热气，几秒内（几口）可使人窒息昏厥倒地。此时，首先应选择正确逃生通道，逃生为主，并及时报警。火灾猛烈燃烧阶段的持续时间长短取决于空间内可燃烧物的性质和数量，以及通风条件等因素。

4. 火灾熄灭阶段

在火灾燃烧猛烈阶段后期，随着空间内可燃物数量的不断减少，火灾燃烧速度递减，温度逐渐下降，火灾进入熄灭阶段。随后，空间温度下降明显，直到把空间内的全部可燃物烧尽，逐步恢复正常温度。该阶段前期，燃烧仍然比较猛烈，火灾温度仍很高。针对该阶段，应注意防止建筑构件因较长时间受高温作用和灭火射水的冷却作用而出现裂缝、下沉、倾斜或坍塌破坏，确保消防人员的人身安全，并应注意防止火灾向相邻建筑蔓延。

在对大量火灾事件统计分析发现，多数火灾从明火发生，到火情发现报警，再到消防人员赶到进行扑救，大多时间都在 30 min 之后，此时多数火灾已完成初起阶段、发展阶段、猛烈燃烧阶段，有些火灾甚至已发展到熄灭阶段，火灾已经造成了损失和伤害。有些易燃品火灾事故，火灾从初起阶段直接发展到猛烈燃烧阶段，几乎没有足够的逃生时间和扑救时机。火灾事故统计显示，建筑物起火的 5～7 min 内是灭火的最好时机，超过这个时间，就要设法逃离火灾现场。

（四）灭火原理和方法

如果发现火势并不大，且尚未对人造成很大威胁时，当周围有足够的消防器材，如灭火器、消火栓等，应奋力将小火控制扑灭；千万不要惊慌失措地乱叫乱窜，置小火于不顾而酿成大灾。如果火势持续扩大，达到发展阶段甚至猛烈燃烧阶段，要迅速逃离现场，及时报警，寻求消防人员实施灭火。

1. 灭火的基本原理

由燃烧应具备的三个必要条件（可燃物、氧化剂和温度）可知，三个条件缺少其中任何一个，都可以阻止燃烧的发生，也就能够控制住火情。燃烧的三个要素可用“燃烧三角形”来表示，如图 2-1 所示。

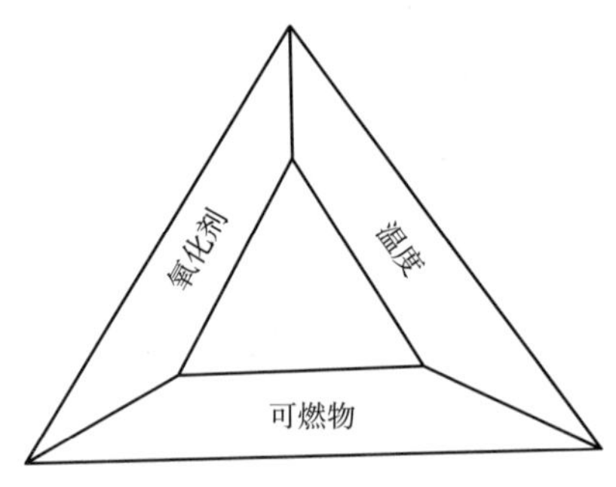

图 2-1　“燃烧三角形”

2. 灭火的基本方法

(1) 冷却灭火法

将灭火剂直接喷射到燃烧的物体上，以降低燃烧的温度于燃点之下，使燃烧停止；或者将灭火剂喷洒在火源附近的物质上，使其不因火焰热辐射作用而形成新的火点。冷却灭火法是灭火的一种主要方法，常用水和二氧化碳作灭火剂冷却降温灭火。灭火剂在灭火过程中不参与燃烧过程中的化学反应。这种方法属于物理灭火方法。

（2）隔离灭火法

将周围未燃烧的可燃物质移开或与正在燃烧的物质隔离，中断可燃物质的供给，使燃烧因缺少可燃物而停止。具体方法有：

①将火源附近的可燃、易燃、易爆和助燃物品搬走；

②关闭可燃气体、液体管道的阀门，减少或阻止可燃物质进入燃烧区；

③设法阻拦流散的易燃、可燃液体；

④拆除与火源毗连的易燃建筑物，形成防止火势蔓延的空间地带。

（3）窒息灭火法

阻止空气流入燃烧区或用不燃烧气体等冲淡空气，使燃烧物得不到足够的氧气而熄灭。具体方法是：

①用沙土、水泥、湿麻袋、湿棉被等不燃或难燃物质覆盖燃烧物；

②喷洒雾状水、干粉、泡沫等灭火剂覆盖燃烧物；

③用水蒸气或氮气、二氧化碳等惰性气体灌注发生火灾的容器、设备；

④密闭起火建筑、设备和孔洞；

⑤将不燃气体或不燃液体（如二氧化碳、氮气、四氯化碳等）喷洒到燃烧物区域内或燃烧物上。

（4）化学抑制灭火法

化学抑制灭火法也称化学中断法，就是使灭火剂参与到燃烧反应过程中，使燃烧过程中产生的游离基消失，而形成稳定分子或低活性游离基，使燃烧反应停止。使用灭火剂进行抑制灭火时，一定要将灭火剂准确地喷射在燃烧区内，使灭火药剂参与燃烧反应中去，否则将不会起到抑制反应作用。

（五）消防“四懂、四会、四知、五熟悉”

1. 四懂

（1）懂得岗位火灾的危险性。

（2）懂得预防火灾的措施。

加强对可燃物质的管理；管理和控制好各种火源；加强电气设备及其线路的管理；易燃易爆场所应有足够的、适用的消防设施，并要经常检查，做到会用、有效。

（3）懂得扑救火灾的方法。

常用的灭火方法包括：冷却灭火方法、隔离灭火方法、窒息灭火方法和抑制灭火方法。

（4）懂得逃生路线。

①自救逃生时要熟悉周围环境，要迅速撤离火场；

②紧急疏散时要保证通道不堵塞，确保逃生路线畅通；

③紧急疏散时要听从指挥，保证有秩序的尽快撤离；

④当发生意外时，要大声呼喊他人，不要拖延时间，以便及时得救，也不要贪婪财物；

⑤要学会自我保护，尽量保持低姿势匍匐前进，用湿毛巾捂住嘴鼻；

⑥保持镇定，就地取材，用窗帘、床单自制绳索，安全逃生；

⑦逃生时要直奔通道，不要进入电梯，防止被关在电梯内；

⑧当烟火封住逃生的道路时，要关闭门窗，用湿毛巾塞住门窗缝隙，防止烟雾侵入房间；

⑨当身上的衣物着火时，不要惊慌乱跑，就地打滚，将火苗压住；

⑩当没有办法逃生时，要及时向外呼喊求救，以便迅速的逃离困境。

2. 四会

（1）会报火警

①要拨准火警电话 119，同时向主管部门汇报；

②不要慌张，说话要清楚；

③报告失火的详细地址和燃烧物质，讲明所用电话号码和报警人姓名；

④得到消防队的明确回答后，方可挂电话；

⑤到主要路口迎接消防车并带路。

（2）会使用消防器材

各种手提式灭火器的操作简称为：一拔，拔掉保险销；二握；握住喷管喷头；三压，压下握把；四喷，对准火焰根部喷射。

（3）会扑救初起火灾

①报警；

②在没有灭火器材的情况下，可就地取材，如使用棉被、沙子、水等进行扑救；

③有灭火器材，就可有针对性的，根据燃烧物的种类，使用合适的灭火器进行扑救。目前配备的灭火器，大部分为 ABC 干粉灭火器，可用于扑救固体、气体、液体、电气和某些金属类火灾，是一种应用广泛的灭火器材。

（4）会逃生自救、组织疏散

①能见度低时，不要拥挤，要鱼贯地撤离；

②烟雾较浓时，做好防护，用湿毛巾、湿布掩住口鼻，低姿撤离；

③楼层着火时，当人在二楼，楼梯被火封堵住，可利用有利条件，采取有效方法下楼，不要盲目跳楼；当人在三楼（含三楼）以上时，千万不要跳楼，要冷静处置，躲避烟火，等待救援；

④自身着火时，就地快速扑打，或跳入水中，不能奔跑。

3. 四知

（1）知道场所火灾的危险性；

（2）知道火灾特点；

（3）知道灭火器放置位置、场所；

（4）知道扑救初起火灾的措施。

4. 五熟悉

（1）熟悉岗位的工作环境；

（2）熟悉本岗位的火灾危险性；

（3）熟悉灭火器的种类、数量；

（4）熟悉灭火疏散预案；

（5）熟悉灭火器的正确操作方法和性能。

二、预防爆炸伤害

爆炸事故是指由于人为、环境或管理等原因，物质发生急剧的物理、化学变化，瞬间释放出大量能量，并伴有强烈的冲击波、高温高压和地震效应等，造成财产损失、物体破坏或人身伤亡等的事故。

（一）爆炸的分类

1. 按反应物质分类

爆炸按反应物质的不同可分为物理性爆炸、化学性爆炸和核爆炸。

（1）物理性爆炸

物理性爆炸是由物质物理变化（温度、体积和压力等因素）而引起的，在爆炸的前后，爆炸物质的性质及化学成分均不改变。

锅炉的爆炸是典型的物理性爆炸，其原因是过热的水迅速蒸发出大量蒸汽，使蒸汽压力不断提高，当压力超过锅炉的极限强度时，就会发生爆炸。又如氧气钢瓶受热升温，引起气体压力增高，当压力超过钢瓶的极限强度时即发生爆炸。

发生物理性爆炸时，气体或蒸汽等介质潜藏的能量在瞬间释放出来，会造成巨大的破坏和伤害。上述这些物理性爆炸是蒸汽和气体膨胀力作用的瞬时表现，它们的破坏性取决于蒸汽或气体的压力。

（2）化学性爆炸

化学性爆炸是由物质化学变化造成的。化学爆炸的物质不论是可燃物质与空气的混合物，还是爆炸性物质（如炸药），都是一种相对不稳定的系统，在外界一定强度的能量作用下，能产生剧烈的放热反应，产生高温高压和冲击波，从而引起强烈的破坏作用。危险化学品的爆炸可按爆炸反应物质分为简单分解爆炸、复杂分解爆炸和爆炸性混合物爆炸。

①简单分解爆炸。引起简单分解的爆炸物，在爆炸时并

不一定发生燃烧反应，其爆炸所需要的热量是由爆炸物本身分解产生的。属于这一类的有乙炔银、叠氮铅等，这类物质受轻微震动即可能引起爆炸，十分危险。此外，还有些可爆气体在一定条件下，特别是在受压情况下，能发生简单分解爆炸。例如乙炔、环氧乙烷等在压力下的分解爆炸。

②复杂分解爆炸。这类可爆物的危险性较简单分解爆炸物稍低。其爆炸时伴有燃烧现象，燃烧所需的氧由本身分解产生。例如梯恩梯、黑索金等。

③爆炸性混合物爆炸。所有可燃性气体、蒸汽、液体雾滴及粉尘与空气（氧）的混合物发生的爆炸均属此类。这类混合物的爆炸需要一定的条件，如混合物中可燃物浓度、含氧量及点火能量等。实际上，这类爆炸就是可燃物与助燃物按一定比例混合后遇点火源发生的带有冲击力的快速燃烧。

（3）核爆炸

由物质的原子核在发生“裂变”或“聚变”的连锁反应瞬间放出巨大能量而产生的爆炸，如原子弹的核裂变爆炸、氢弹的核聚变爆炸就属于核爆炸。

2. 按爆炸反应相分类

爆炸按照爆炸反应相的不同，可分为气相爆炸、液相爆炸和固相爆炸。

（1）气相爆炸

气相爆炸包括可燃性气体和助燃性气体混合物的爆炸；气体的分解爆炸；液体被喷成雾状物引起的爆炸；飞扬悬浮于空气中的可燃粉尘引起的爆炸等。

（2）液相爆炸

液相爆炸包括聚合爆炸、蒸发爆炸以及由不同液体混合所引起的爆炸。例如，液氧和煤粉、硝酸和油脂等混合时引起的爆炸；熔融的矿渣与水接触或钢水包与水接触时，由于过热发生快速蒸发引起的蒸汽爆炸等。

（3）固相爆炸

固相爆炸包括爆炸性化合物及其他爆炸性物质的爆炸（如乙炔铜的爆炸）；导线因电流过载，由于过热，金属迅速气化而引起的爆炸等。

（二）爆炸现场逃生

火灾会造成高温损伤，而爆炸不同于火灾，爆炸既有可能造成高温损伤，还可能引起气体高速膨胀形成机械损伤。爆炸具有急剧性，过程持续时间短且破坏性强，在发生爆炸后，一定不能慌张，应马上做好个人防护，防止发生二次爆炸甚至连续爆炸。遇爆炸事故后，应按照如下程序做好自救和逃生。

1. 立即卧倒，趴在地面不要动，或手抱头部迅速蹲下，或借助其他物品掩护，迅速就近找掩蔽体掩护。

2. 爆炸引起火灾，烟雾弥漫时，要做适当防护，尽量不要吸入烟尘，防止灼伤呼吸道；尽可能将身体压低，用手脚触地爬到安全处。

3. 立即打电话报警，如遇伤害，拨打救援电话求助或就近医院救治。

4. 尽力帮助伤者，将伤者送到安全地方，或帮助止血，等待救援人员到场。

5. 撤离现场时应尽量保持镇静，不要乱跑，防止再度引起恐慌，增加伤亡。

第三章　电气安全与应急处置

第一节　电学基础知识

一、电学基本概念

1. 电流

在电场力的作用下，电荷做有规则运动，形成电流（I），电流的大小等于单位时间内通过导体截面的电量，也称电流强度。电流的基本单位是安培（A）。

2. 电压

电压（U）就是电场或电路中两点之间的电位差。电压的基本单位是伏特（V）。

3. 电阻

电流通过导线或其他电气元件时遇到的阻力叫作电阻（R）。电阻的基本单位是欧姆（Ω）。

4. 导体

能够导电的物体叫导体，如金属、人体、大地、不纯净的水都是导体。金属以导电性能从高到低来排序，依次为铜、铝、铁。

5. 绝缘体

对于电流来讲，导电性能很差或极差，使电流几乎无法通过，类似于这样的材料叫作绝缘体，如干木材、橡胶、棉布等。

6. 电路

电路就是电流所流经的路径，由电源、负载、控制设备、导线等组成。

7. 直流电

电流在导体中流动时，其大小和方向不随时间变化的叫作直流电，用符号“—”表示。

8. 交流电

电流在导体中流动时，其大小和方向随时间做周期性变化的叫作交流电，用符号“～”表示。

9. 短路

电流通过的电路中，有两根导线碰在一起，或者两根导线被其他电阻很小的物体连接起来时，就形成短路。短路时电流可以达到正常电流的几倍、几十倍或更高。

10. 高、低压电

一般以对地电压 250 V 作为划分交流电高、低压的界限。凡设备对地电压大于 250 V 者称为高压电，如 10 kV、35 kV 等；凡对地电压为 250 V 及以下者称为低压电，如 220 V。

二、电流对人体的危害

人由于不慎触及带电体，将会发生触电事故，根据触电事故对人体伤害程度的不同，可分为电击和电伤两种。

（一）电击

《电气安全术语》（GB/T 4776—2017）定义：电击是指电流通过人体或动物躯体而引起的生理效应。人体直接接触带电部分，如果电流达到某一数值时，会使人觉得全身发热、发麻、肌肉发生不由自主地抽搐，逐渐失去知觉，如果电流继续通过人体，将使触电者的心脏、呼吸机能和神经系统受伤；直到停止呼吸，心脏活动停顿为死亡。

（二）电伤

电伤是指电对人体外部造成局部伤害，即由电流的热效应、化学效应、机械效应对人体外部组织或器官的伤害，如电灼伤、电烙印、皮肤金属化、金属溅伤、机械性损伤等。

（1）电灼伤。电灼伤是电流的热效应造成的伤害，一般有接触灼伤和电弧灼伤两种。接触灼伤多发生在高压触电事故时通过人体皮肤的进出口处，灼伤处呈黄色或褐黑色并又累及皮下组织、肌腱、肌肉、神经和血管，甚至使骨骼显碳化状态，一般治疗期较长。电弧灼伤多是由带负荷拉、合刀闸，带地线合闸时产生的强烈电弧引起的，其情况与火焰烧伤相似，会使皮肤发红、起泡烧焦组织并坏死。

（2）电烙印。发生在人体与带电体有良好接触，但人体不被电击的情况下，在皮肤表面留下和接触带电体形状相似的肿块瘢痕，一般不发炎或化脓。瘢痕处皮肤失去原有弹性、色泽，表皮坏死，失去知觉。

（3）皮肤金属化。由于高温电弧使周围金属熔化、蒸发并飞溅渗透到皮肤表层所形成。皮肤金属化后，表面粗糙、坚硬。根据熔化的金属不同，呈现特殊颜色，一般铅呈现灰黄色，紫铜呈现绿色，黄铜呈现蓝绿色，金属化后的皮肤经过一段时间能自行脱离，不会有不良后果。

（4）金属溅伤。金属溅伤是指融化的金属飞溅灼伤人体。

（5）机械性损伤。电流作用于人体时，由于中枢神经反射和肌肉强烈收缩等作用导致的肌体组织断裂、骨折等伤害。

（6）电光眼。发生弧光放电时，红外线、可见光、紫外线对眼睛的伤害。

此外，发生高处触电事故时，常常伴随高空摔跌，或由于其他原因所造成的纯机械性创伤，这虽与触电有关，但不属于电流对人体的直接伤害。

三、触电伤害程度影响因素

触电对人体伤害的程度取决于人体承受的电压强度、电流强度、电流频率、触电时长、人体电阻大小以及电流通过人体的途径。此外，触电者的性别、年龄、健康情况、精神状态等都会对触电后果产生影响。

（1）电压

当人体电阻一定时，电压愈高，通过人体的电流愈大，触电伤害危险性就增加。电压可分为高电压、低电压和安全电压。其中安全电压是指不致使人直接致死或致残的电压，一般环境条件下允许持续接触的安全电压为不超过 36 V。但是，安全电压并不能经常保证绝对安全，当其他因素发生最不利的影响时（如人体电阻很小），即使安全电压也会引起触电伤害事故。

（2）电流

电流是触电伤害的直接因素，流过身体的电流越大，人体的生理反映越强烈，生命危险性就越大。在电流小于数毫安时，电流主要引起心室颤动或窒息，数百毫安以上的电流，除了引起昏迷、心脏即刻停止跳动，呼吸停止外，还会留下致命的电伤。一般通过人体的交流电流（50 Hz）超过10 mA，直流电流超过50 mA时，触电人则不容易自己脱离电源。

电流可分为直流电、交流电。交流电可分为工频电和高频电。这些电流对人体都有伤害，但伤害程度不同。人体忍受直流电、高频电的能力比工频电强。所以，工频电对人体的危害最大。对于工频交流电，按照通过人体电流大小的不同，以及人体所呈现的不同状态，可将电流划分为以下三级：

感知电流：感知电流是人能感觉到的最小电流。实验资料表明，对不同的人，感知电流也不相同：成年男性均匀感知电流约为1.1 mA；成年女性约为0.7 mA。

摆脱电流：摆脱电流是人触电以后能自主摆脱电流的最大电流。实验资料表明，对于不同的人，摆脱电流也不相同：成年男性的平均摆脱电流约为16 mA；成年女性约为10.5 mA。成年男性的最小摆脱电流约为9 mA；成年女性的最小摆脱电流约为6 mA（最小摆脱电流是按0.5%的概率考虑的）。

致命电流：致命电流是指在较短时间内危及生命的最小电流。在电流不超过数百毫安的情况下，电击致死的主要原因是电流引起心室颤抖或窒息造成的。因此，可以认为引起心室颤抖的电流即是致命电流。心室颤抖电流与通电时间有关，如通电时间超过心脏搏动周期时，心室颤抖电流仅数十毫安（一般认为是50 mA以上）。如通电时间小于心脏搏动周期，但超过10 ms，并发生在心脏搏动周期的特定时刻（即易激期）时，心室颤抖电流在数百毫安以上。

（3）频率

同一电压下电流频率不同，引起的触电伤害程度不同。频率为 50～60 Hz 的工频电流造成的触电伤害最为严重。低于或高于上述频率范围时，危险性相应减小。2 000 Hz 以上死亡危险性降低，造成的触电伤害主要是灼伤。25 Hz 以下频率，人体可以耐受较大的电流。

人体的感知电流在 50 Hz 交流情况下为 0.6～1.5 mA，而在直流情况下则为 5～7 mA；使手部肌肉产生痉挛的电流，在 50 Hz 交流情况下为 5～7 mA，而在直流情况下则为 50～80 mA，见表 3-1（限制在 AC/DC 36 V 以上的电压值）。可见，直流情况下人体耐受电流比 50 Hz 情况下大约增加 5～10 倍。

表 3-1　50 Hz 交流电与直流电对人体伤害程度

电流/mA	50 Hz 交流电	直流电
0.6～1.5	手指开始感觉发麻	无感觉
2～3	手指感受觉强烈发麻	无感觉
5～7	手指肌肉感觉痉挛	手指感灼热和刺痛
8～10	手指关节与手掌感觉痛，手已难以脱离电源，但尚能摆脱电源	感灼热增加
20～25	手指感觉剧痛，迅速麻痹，不能摆脱电源，呼吸困难	灼热更增，手的肌肉开始痉挛
50～80	呼吸麻痹，心房开始震颤	强烈灼痛，手的肌肉痉挛，呼吸困难
90～100	呼吸麻痹，持续 3 min 后或更长时间后，心脏麻痹或心房停止跳动	呼吸麻痹

（4）电流通过人体的时间

相同频率的同值电流通过人体，时间愈长造成的触电伤害程度愈严重。因为时间越长，人体的电阻就会降低，电流就会增大。同时，人的心脏每收缩、扩张一次，中间有0.1 s的时间间隙期。在这个间隙期内，人体对电流作用最敏感。所以，触电时间越长，与这个间隙期重合的次数就越多，从而造成的危险也就越大。

（5）人体电阻

在带电体电压一定的情况下，触电时通过人体的电流大小取决于人体电阻的数值。人体电阻实际上是一种阻抗，包括皮肤电阻、内部组织电阻及不同组织之间的电容。人体电阻不是一个固定值，它随着人体的生理、物理状况而变化。皮肤潮湿、出汗、损伤或带有导电性粉尘，会使人体电阻显著减小；通过人体的电流愈大，持续时间愈长，会增加人体发热出汗，降低人体电阻；触电电压增高，人体表皮角质层有电解和类似介质击穿的现象发生，会使人体电阻急剧下降。人体电阻的变化范围很大，从几百欧到几万欧，一般情况下，取值为1 000～2 000 Ω。

（6）电流通过人体的途径

触电时受到的伤害程度与电流通过人体的途径关系很大。电流通过中枢神经，会引起中枢神经强烈失调而导致死亡；电流通过头部，会使人立即昏迷；电流通过脊髓，会造成人体瘫痪；电流通过胸腔，会引起心脏机能紊乱，发生心室颤动，破坏心脏正常的泵血功能使血液循环中断，致人死亡。

可见，电流通过接近心脏的部位最为危险，例如触电时，电流如果从一手进入，从另一手流出，或从一手进入，从一足流出，因电流都经过心脏地区，会造成致命危险；如果从一足流入，从另一足流出，则造成的触电伤害程度较轻。

四、常见的触电形式

常见的触电形式主要有直接触电和间接触电。

（一）直接触电

直接触电又分为单相触电和两相触电。

1. 单相触电

单相触电是指在地面上或其他接地体上，人体的某一部分触及带电设备或线路中的某相带电体时，一相电流通过人体经大地回到中性点引起的触电。这是一种危险的触电形式，在生活中较常见。

2. 两相触电

两相触电是指人体同时触及三相电源中两根相线，由于人同时和两根相线接触，人体处于电源线电压下，并且电流大部分通过心脏，故其后果十分严重，轻微的会引起触电烧伤或导致残疾，严重的可以导致触电死亡事故。

（二）间接触电

间接触电可分为跨步电压触电、感应电压触电、雷电触电和静电触点。

1. 跨步电压触电

跨步电压是指电气设备发生接地故障时，在接地电流入地点周围电位分布区行走的人，其两脚之间的电压。离接地点越近，跨步电压越大。跨步电压与跨步的大小成正比，跨步越大越危险，同时，越靠近带电体越危险，20 m 以外的地方，跨步电压已接近零。人受到较高的跨步电压作用时，双脚会抽筋，使身体倒在地上。这不仅使作用于身体上的电流增加，而且使电流经过人体的路径改变，完全可能流经人体重要器官，如从头到手或脚。经验证明，人倒地后电流在体内持续作用 2 s，这种触电就会致命。跨步电压触电一般发生在高压电线落地时，但对低压电线落地也不可麻痹大意。当一个人发觉跨步电压威胁时，应迅速把双脚并拢或用单脚跳出危险区，也可沿半径垂直方向小步缓慢退出。

2. 感应电压触电

正常运行中的电气设备和装置，由于电磁感应和静电感应的作用，会在附近的停电设备上感应出一定的电位。当人体触及时，由于感应电压大小的不同也会对人体造成一定的伤害，有时甚至造成触电死亡。感应电压具有隐蔽性、欺骗性和危险性，感应电压在形成导电回路时会对人员造成伤害；未形成导电回路，则存在安全隐患。人员在检修接触网、电力线路或其他电气设备时，如果消除感应电压的措施不可靠或者未采取防止感应电的措施，有可能导致作业人员受到感应电压的伤害。

3. 雷电触电

雷击触电事故是自然界对人体造成的触电事故。雷击可分为直击雷和感应雷。直击雷是带电的云层对地面突出物发生猛烈的放电现象；感应雷也称为雷电感应或感应过电压，高达几十至几百万伏。

感应雷又分为静电感应雷和电磁感应雷。静电感应雷是由于带电积云接近地面，在架空线路导线或其他导电凸出物顶部感应出大量电荷引起的。电磁感应雷是由于雷电放电时，巨大的冲击雷电流在周围空间产生迅速变化的强磁场引起的。

4. 静电触电

静电是一种处于静止状态的电荷，高压静电通过人体放电会造成人的触电，严重时危及人身安全。

第二节　电气安全防范措施

有效防止电气安全事故，既要有技术措施又要有组织管理措施，归纳起来有以下六个方面。

一、防止接触带电部件

绝缘、屏护和安全间距是最为常见的安全措施。

1. 绝缘。即用不导电的绝缘材料把带电体封闭起来，这是防止直接触电的基本保护措施。但要注意绝缘材料的绝缘性能与设备的电压、载流量、周围环境、运行条件相符合。

2. 屏护。即采用遮拦、护罩、护盖、箱闸等把带电体同外界隔离开来。此种屏护用于电气设备不便于绝缘或绝缘不足以保证安全的场合，是防止人体接触带电体的重要措施。

3. 安全间距。为防止人体触及或接近带电体，防止车辆等物体碰撞或过分接近带电体，在带电体与带电体、带电体与地面、带电体与其他设备设施之间，皆应保持一定的安全距离。间距的大小与电压高低、设备类型、安装方式等因素有关。

二、防止电气设备漏电伤人

保护接地和保护接零，是防止间接触电的基本技术措施。

1. 保护接地。即将正常运行的电气设备不带电的金属部分和大地紧密连接起来。其原理是通过接地把漏电设备的对地电压限制在安全范围内，防止触电事故。保护接地适用于中性点不接地的电网中，电压高于 1 kV 的高压电网中的电气装置外壳，也应采取保护接地。

2. 保护接零。在 380/220 V 三相四线制供电系统中，把用电设备在正常情况下不带电的金属外壳与电网中的零线紧密连接起来。其原理是在设备漏电时，电流经过设备的外壳和零线形成单相短路，短路电流烧断熔断器或使自动开关跳闸，从而切断电源，消除触电危险。适用于电网中性点接地的低压系统中。

三、采用安全电压

根据生产和作业场所的特点，采用相应等级的安全电压，是防止发生触电伤亡事故的根本性措施。安全电压是指不致使人直接致死或致残的电压，一般环境条件下允许持续接触的“安全特低电压”是 36 V。我国安全电压额定值的等级为 42 V、36 V、24 V、12 V 和 6 V，应根据作业场所、操作员条件、使用方式、供电方式、线路状况等因素选用。安全电压有一定的局限性，适用于小型电气设备，如手持电动工具等。

四、漏电保护装置

漏电保护装置，又称触电保安器，在低压电网中发生电气设备及线路漏电或触电时，它可以立即发出报警信号并迅速自动切断电源，从而保护人身安全。漏电保护装置按动作原理可分为电压型、零序电流型、泄漏电流型和中性点型四类，其中电压型和零序电流型两类应用较为广泛。

五、合理使用防护用具

在电气作业中，合理匹配和使用绝缘防护用具，对防止触电事故，保障作业人员在生产过程中的安全健康具有重要意义。绝缘防护用具可分为两类：一类是基本安全防护用具，如绝缘棒、绝缘钳、高压验电笔等；另一类是辅助安全防护用具，如绝缘手套、绝缘（靴）鞋、橡皮垫、绝缘台等。

六、安全用电组织措施

防止触电事故，技术措施十分重要，组织管理措施亦必不可少。其中包括制定安全用电措施计划和规章制度，进行安全用电检查、教育和培训，组织事故分析，建立安全资料档案等。

第三节 电气事故与应急处置

一、电气火灾事故

（一）电气火灾原因

电气火灾在火灾事故中占有很大比例，一般是指由于电气线路、用电设备、器具以及供配电设备出现故障性释放的热能（如高温、电弧、电火花），以及非故障性释放的能量（如电热器具的炽热表面），在具备燃烧条件下引燃本体或其他可燃物而造成的火灾，也包括由雷电和静电引起的火灾。

（二）电气火灾分类

按起火主要原因，可以将电气火灾分为以下四类。

1. 短路火灾

由于短路时电阻突然减小，电流突然增大，其瞬间的发热量也很大，大大超过了线路正常工作时的发热量，并在短路点易产生强烈的电火花和电弧，不仅能使绝缘层迅速燃烧，而且能使金属熔化，引起附近的易燃可燃物燃烧，造成火灾。

2. 过负荷火灾

当导线过负荷时，加快了导线绝缘层老化变质。当严重过负荷时，导线的温度会不断升高，甚至会引起导线的绝缘发生燃烧，并能引燃导线附近的可燃物，从而造成火灾。

3. 接触电阻过大火灾

在有较大电流通过的电气线路上，如果在某处出现接触电阻过大现象时，就会在接触电阻过大的局部范围内产生极大的热量，使金属变色甚至熔化，引起导线的绝缘层发生燃烧，并引燃烧附近的可燃物或导线上积落的粉尘、纤维等，从而造成火灾。

4. 绝缘故障火灾

绝缘故障是指由于低压配电线路和电气设备中的绝缘导线的绝缘性能降低或绝缘失效而导致不能正常工作的一种状态。当绝缘导体由于使用时间较长出现老化或受到腐蚀气体侵害、电压冲击和意外机械损伤时其绝缘性能明显降低，产生泄漏电流。当漏电发生时，漏泄的电流在流入大地途中，如遇电阻较大的部位时，会产生局部高温，致使附近的可燃物着火，从而引起火灾。此外，在漏电点产生的漏电火花，同样也会引起火灾。

（三）电气火灾成因

电气设备发生火灾，除设备本身缺陷外，大多是因为人不懂电气安全或麻痹大意造成的。如使用劣质移动插排，超过插排额定功率，在一个插排上使用多个电器；电暖气、空调或其他电热器具使用后不关闭，人员离开时未切断电源；大功率的电气设备使用简易插销供电、乱拉乱接线路等，都是产生电气火灾常见的不安全行为。还有电气线路旁存放易燃、可燃的棉被、窗帘、图书等物品，起到了将电气故障升级为火灾助燃作用。以下列举了八类常见电气火灾形成的原因。

1. 电气线路使用年限长久、绝缘老化、导线连接不良、缺乏正常维护、发生漏电打火，导致电线过热，烧坏绝缘引起火灾。

2. 当导线发生短路时，电流可增大为正常时的数倍甚至数十倍以上，产生的热量又与电流的平方成正比，导线温度急剧上升，当绝缘层温度超过 250℃时，线路就会起火。

3. 电气开关熔断器熔断时的熔珠以及开关通断时产生的火花落在下方易燃物上可能引发火灾。

4. 电热用具、照明灯具工作时靠近易燃物或用完后忘记切断电源，持续发热引燃基座，或用完后余热未散立即装进可燃的包裹物里，就会引起火灾。

5. 进行电焊作业，不采取安全措施，使焊接电弧烤燃可燃物或火花熔渣飞落到可燃物上而引发火灾。

6. 电气设备过载运行、机械设备的转动部分卡滞，造成转矩过大导致设备过热，进而引发火灾。

7. 电源电压高于或低于额定电压的15%以上，会致使线路电流增大甚至出现危险温度。

8. 熔断器、控制器等在非正常情况下进行操作，出现的强烈电弧极易引发火灾。

（四）电气火灾预防

1. 防止生产中电气火灾的关键

根据电气火灾和爆炸形成的主要原因，电气火灾应主要从以下十个方面进行预防。

（1）电气设施要有专人管理。要有专业人员安装，不要私自乱接电源，电气线路要与用电负荷相匹配，设置各种线路要穿管保护，不要超负荷用电，防止电气设施短路起火。

（2）电源线和设施老化要及时更换，不要勉强使用。在顶棚、墙壁穿越线一定要穿管保护，保证绝缘，要严防电源设施潮湿。发现电源设施潮湿，要晾干再用，避免短路起火。

（3）要经常检查电气线路、配电设施、电源插头和开关，发现松动和发热要及时更换和紧固，发现险情及时处置，防止打火和爆燃引发火灾。

（4）使用电线时，不要将电线在地上拖来拖去，以防磨破绝缘层短路起火。

（5）电源的设施起火，要及时拉下电闸开关，切断电源，沉着冷静地处置电气设备，避免扑救人员及现场人员受到电击造成伤害。

（6）配电盘下和电器开关下，不要存放液化气罐、汽油、纸箱等易燃可燃物，以防配电盘打火引发火灾。电热器和照明灯要与可燃物保持一定距离。不要用纸品等可燃物体包裹照明灯具。

(7) 使用空调等电器一定要保持干燥，防止潮湿使电气线短路起火。

(8) 对各种电气设施要经常检查。用完要及时关闭电源，特别是使用高热能电器设备时要有人看管。

(9) 电气设施的购置要保证安全质量，对电暖器等高热能电器不要连续长时间使用，更不要靠近可燃物，防止积热引燃起火或烤着可燃物发生大火。

(10) 老旧建筑中的电气线路和电气设施要经常检查，发现电源设施老化、破损，不符合防火要求，以及出现发热打火现象，要及时更换。

2. 开关、插座引发火灾的隐患

(1) 插座被易燃物压住或粉尘落入造成短路，或安装在易燃易爆危险场所，插入或拔下插头时产生火花引起爆炸起火。

(2) 插头损坏不及时更换，用裸线头代替插头使用，造成短路或火花，引起可燃物起火。

(3) 床头开关在使用后随手一放，开关撞击床架或墙壁而使外绝缘层破损极有可能造成短路。

(4) 家用电器的工作电压和工作电流与所使用插座功率不相符，长期过载，一旦温度过高便引起火灾。

(5) 开关安装不当，特别是把开关安置在可燃物体上，一旦导线引出处的护套被擦伤，将使线芯裸露或水汽渗入，造成短路，或是开关断开时产生电弧造成起火。

(6) 家庭使用的可燃气体因管道或阀门泄露，使可燃气体与空气混合后达到一定极限时，开闭没有灭弧装置的电器开关，就会产生火花。

（五）电气火灾扑救

电气火灾与一般火灾相比有两个突出特点，一是电气设备着火后可能仍然带电，存在触电危险；二是充油电气设备，如变压器等受热后可能会喷油，甚至爆炸，危及救火人员安全。电气火灾扑救需根据不同情况采取不同措施。

1. 断电灭火

电气设备发生火灾或引燃周围可燃物时，首先应设法切断电源，必须注意以下事项：

（1）处于火灾区的电气设备因受潮或烟熏，绝缘能力降低，所以拉开关断电时，要使用绝缘工具。

（2）剪断电线时，不同相电线应错位剪断，防止线路发生短路。

（3）应在电源侧的电线支持点附近剪断电线，防止电线剪断后跌落在地上，造成电击或短路。

（4）如果火势已威胁邻近电气设备时，应迅速拉开相应的开关。

（5）夜间发生电气火灾，切断电源时，要考虑临时照明问题，以利扑救。

2. 带电灭火

如果无法及时切断电源，而需要带电灭火时，要注意以下几方面：

（1）应选用不导电的灭火器材灭火，如干粉、二氧化碳灭火器，不得使用泡沫和水基灭火器带电灭火。

（2）要保持人及所使用的导电消防器材与带电体之间足够的安全距离，扑救人员应戴绝缘手套。

（3）对架空线路等空中设备进行灭火时，人与带电体之间的仰角不应超过 45°，而且应站在线路外侧，防止电线断落后触及人体。如带电体已断落地面，应划出一定警戒区，以防跨步电压伤人。

3. 充油电气设备灭火

（1）充油设备着火时，应立即切断电源，如外部局部着火时，可用二氧化碳、干粉等灭火器材灭火。

（2）如设备内部着火，且火势较大，切断电源后可启动泡沫灭火系统，并用消防水降温，防止爆炸。及时报告消防部门，进行专业扑救。

二、人身触电伤害事故

（一）低压触电事故的应急措施

发生低压触电事故时，应根据现场情况立即采取以下措施。

（1）关断电源闸刀。

（2）使用绝缘钳截断导线。

（3）使导线与触电者分开（用干燥的木棍或绳索）。

（4）把触电者脱离导线（抓住衣服干的部分或用干绳索将其拖开），使触电者和土地分离（把绝缘材料、干木材、衣服等垫在触电者身下）。

急救时，急救者必须做好自己的防护工作，特别是手（借助于橡皮手套，毛的、绒的、涂橡胶的织物）和脚（穿绝缘鞋或站在干的木板或衣服上等）的防护。

（二）高压触电事故的应急措施

在高压场地发现有人触电时，首先应使触电者迅速脱离电源。

（1）如隔离开关距触电者较近，应立即拉开开关，切断电源。

（2）如隔离开关距触电者较远，来不及切断电源时，救护人员应穿着绝缘鞋，戴上绝缘手套，使用绝缘棒使触电者脱离电源。

（3）采用抛线短路法，即用一根金属导线，一端先牢固地接在钢轨上，另一端抛挂在接触网上，迫使其电源跳闸。抛线地点应距触电者靠牵引变电所一侧 10 m 以外，并注意防止短路电流伤人。

（4）在切断电源以前，不要用手直接或间接使用非绝缘器件接触到触电者，以防救护者本人触电。

（5）切断电源的同时，要做好触电者再次摔倒跌伤的防护措施。例如，触电者触电开始时由于肌肉收缩而紧握带电体，断电时，手自然松开，有可能从高处跌落，加重伤势。

（三）对触电者的急救

1. 假如触电者伤势不重，神志清醒，未失去知觉，但有些内心惊慌，四肢发麻，全身无力，或触电者在触电过程中曾一度昏迷，但已清醒过来，则应保持空气流通和注意保暖，使触电者安静休息，不要走动，严密观察，并请医生前来诊治或送往医院。

2. 假如触电者伤势较重，已失去知觉，但心脏跳动和呼吸还存在。对于此种情况，应使触电者舒适、安静地平卧；周围不得围人，使空气流通；解开他的衣服以利呼吸，如天气寒冷，要注意保温，并迅速请医生诊治或送往医院。如果发现触电者呼吸困难，严重缺氧，面色发白或发生痉挛，应立即请医生做进一步抢救。

3. 假如触电者伤势严重，呼吸停止或心脏跳动停止，或两者都已停止，仍不可认为已经死亡，应立即施行人工呼吸或胸外心脏按压，并迅速请医生诊治或送医院。但应当注意，急救要尽快进行，不能等医生的到来，在送往医院的途中，也不能中止急救。

4. 对于触电者，特别高空坠落的触电者，要特别注意搬运问题，很多触电者，除电伤外还有摔伤，搬运不当，如折断的肋骨扎入心脏等，可造成死亡。

5. 人触电后会出现神经麻痹、呼吸中断、心脏停止跳动、呈现昏迷不醒状态，通常都是假死，万万不可草率行事、放弃救治。

6. 对于假死的触电者，要迅速持久地进行抢救，有不少的触电者是经过四个小时甚至更长时间的抢救而抢救过来的。

具体抢救方法如下。

（1）口对口（鼻）人工呼吸法

①将患者置于仰卧位。

②施救者站在患者右侧，将患者颈部伸直，右手向上托患者的下颌，使患者头部后仰。这样，患者的气管能充分伸直，便于人工呼吸。

③清理患者的口腔，包括痰液、呕吐物及异物等。

④用身边现有的清洁布质材料，如手绢等，盖在患者嘴上，防止传染疾病。

⑤左手捏住患者鼻孔（防止漏气），右手清压患者下颌，把口腔打开。

⑥施救者先深吸一口气，用自己的口唇把患者的口唇包

住，向患者嘴里吹气。吹气要均匀，要长一点儿，但不要用力过猛。吹气的同时，用余光观察患者的胸部，如果看到患者的胸部膨起，表明气体吹进了患者的肺脏，吹气的力度合适。如果看不到患者的胸部膨起，说明吹气力度不够，应适当加强。吹气后，等患者膨起的胸部自然回落后，再深吸一口气重复吹气，如此反复进行。

⑦每分钟吹气 10～12 次。

⑧要患者未恢复呼吸，就要持续进行人工呼吸，直到救护车到达，交给专业救护人员进行抢救。

当患者有口腔外伤或其他原因致口腔不能打开时，可采用口对鼻吹气，其操作方法是：首先开放患者气道，头后仰，用手托住患者下颌使其口闭住。深吸一口气，用口包住患者鼻部，用力向患者鼻孔内吹气，直到胸部抬起，吹气后将患者口部张开，让气体呼出。如吹气有效，则可见到患者的胸部随吹气而起伏，并能感觉到气流呼出。

（2）胸外心脏按压法

当我们对患者实施人工呼吸无效后，就要迅速采用胸外心脏按压。具体做法为：

①首先一只手按住患者的剑突处（心窝的地方），然后另一只手的手掌跟进靠在第一只手的食指旁，掌跟的位置对准胸骨的中线。

②等掌跟就位后，另一只手离开心窝的地方，并重叠在第一只手上，将手指略微翘起来，以免压倒患者的肋骨造成骨折。

③施救者跪在患者身旁，将患者双腿打开与肩部保持同宽。然后肩膀在患者胸骨正上方，双臂伸直，肘关节打直以

身体的力量将胸骨下压，每次下压胸骨 4～5 cm，且压力放松时不可移动手的位置。

④胸外按压的速度保持每分钟 100～120 次，且连续 30 次按压后接着进行两次人工呼吸。

⑤实行 15∶2（30 次按压和 2 次人工呼吸）的胸外心脏按压，每隔 5 min 检查一次患者的脉搏，直到 120 救护车赶到。

⑥如果检查时依旧没有脉搏，则需继续进行胸外心脏按压。如果检查时已经有脉搏，则要检查患者的呼吸，如果没有呼吸则需继续进行人工呼吸。

（3）综合人工呼吸法

在口对口（鼻）人工呼吸法的基础上，增加胸外心脏按压法，称为综合人工呼吸法。通常综合人工呼吸法需两人同时进行，也可由一人交替进行。应注意的是，施救过程中，胸外心脏按压的速度要与口对口（鼻）吹气的节奏紧密配合。对触电者吹气时要使其胸部放松，当其呼气时，应对其胸部进行按压，反复进行，直至触电者恢复自然呼吸为止。

（4）俯卧压背法

当触电者俯卧时，使触电者一手弯曲垫在头下，脸侧向一方枕在腕臂上，另一手沿头旁伸直。施救人员跪跨在触电者臀部处，将两手平放在触电者后背肋骨下部，手指按住他的腰间，施救人员心中默数一、二、三，并逐步使身子向前倾，使体重通过双手压迫触电者的下肋部，使之呼气吸气。反复进行，每分钟 15 次左右，直至触电者恢复自然呼吸为止。

（5）仰卧摇臂拉伸法

当触电者仰卧时，施救人员跪跨在触电者身上，两手握住触电者手腕稍向上的地方，心中默数一、二、三，把手伸直向上，引向脖子后部，使触电者吸气，然后再把两臂曲向前胸的两侧，心中默数四、五、六，使触电者呼气。反复进行，每分钟 15 次左右，直至触电者恢复自然呼吸为止。

第四章　供电系统职工作业安全

第一节　接触网作业安全

一、一般规定

1. 电气化铁路所有接触网设备，自第一次受电开始即认定为带电设备。之后，接触网上的一切作业，必须按《高速铁路接触网安全工作规则》《普速铁路接触网安全工作规则》的规定严格执行。电气化铁路建设单位应按规定进行通告，接管单位应对通告和高压危险警示标识齐全情况进行检查督促。施工过程中不得臆测接触网无电，需要进行接触网作业时，需严格按照停电作业相关规定执行。

高速铁路防护栅栏内进行的接触网作业，必须在上下行线路同时封锁，或本线封锁、邻线限速 160 km/h 及以下条件下进行。

2. 从事铁路接触网运行和检修工作的人员，实行安全等级制度，经过考试评定安全等级，取得“铁路供电安全合格证”之后，方准参加与所取得的安全等级相适应的工作。

各单位除按上述规定组织从事铁路接触网运行和检修工作的有关现职人员每年进行一次安全等级考试外，对属于下列情形的人员，还应在上岗前进行安全等级考试：

（1）开始参加铁路接触网工作的人员。

(2) 安全等级变更，仍从事铁路接触网运行和检修工作的人员。

(3) 接触网供电方式改变时的检修工作人员。

(4) 接触网停电检修方式改变时的检修工作人员。

(5) 中断工作连续 6 个月以上仍继续担任普速（或高速）铁路接触网运行和检修工作的人员。

参加接触网作业人员应符合下列条件：

(1) 作业人员符合岗位标准要求，1～2 年进行一次身体检查，符合作业所要求的身体条件。参加高速铁路接触网作业人员并应取得“高速铁路岗位培训合格证书（CRH)”。

(2) 经过铁路接触网作业安全培训，考试合格并取得相应的安全等级。

(3) 熟悉触电急救方法。

(4) 职业健康体检合格。

3. 遇有雷电时（在作业地点可见闪电或可闻雷声）禁止在接触网上作业。

4. 普速铁路在 160 km/h 以上区段且线间距小于 6.5 m 的线路上进行作业时，应办理邻线列车限速 160 km/h 及以下申请，得到车站值班员同意作业的签认后，方可作业。

进入铁路防护栅栏内进行的接触网停电作业，一般应在上、下行线路同时停电及封锁的垂直天窗内进行。高速铁路接触网一般不进行 V 形天窗作业。故障处理、事故抢修等特殊情况下必须在邻线行车的情况下作业时，必须在办理本线封锁、邻线列车限速 160 km/h 及以下申请，在得到列车调度员（车站值班员）签认后，方可上道作业。

5. 在进行接触网作业时，作业组全体成员须穿戴有反光标识的防护服、安全帽。作业组有关人员应携带通信工具并确保联系畅通。在夜间、隧道内或光线不足处所进行接触网作业时，必须有足够的照明灯具。

所有的工具和安全用具，在使用前均须进行检查，符合要求方准使用。

6. 接触网步行巡视工作时，须执行以下规定：

（1）巡视不少于两人，其中一人的安全等级不低于三级。

（2）巡视人员应携带望远镜和通信工具，一般情况下应面向来车方向。

（3）任何情况下巡视，对接触网都必须以有电对待，巡视人员不得攀登支柱并时刻注意避让列车。

（4）必须上道察看设备时，两人必须一人防护，一人上道检查。

7. 利用接触网作业车或专用车辆进行接触网巡视或检测时，应申请行车计划或安排在施工维修天窗时间内进行，同时执行以下规定：

（1）邻线未封锁时，应在办理邻线列车限速 160 km/h 及以下手续后进行。

（2）需要升起作业平台或人员登上平台时，须在接触网停电、巡视或检测范围内按停电作业要求设置接地线、作业车运行速度不大于 10 km/h、作业平台设置旋转闭锁的条件下进行。

8. 新研制及经过重大改进的作业工具应由铁路局集团公司及以上单位鉴定通过，批准后方准使用。

9. 在有轨道电路的区段作业时，不得使长大金属物体

(长度大于或等于轨距）将线路两根钢轨短接。

10. 需进入铁路防护栅栏内进行接触网作业的人员，必须在得到驻调度所（驻站）人员同意后方准进入。进、出铁路防护栅栏时，必须清点人员，并及时锁闭防护网门，防止人员遗漏及闲杂人员进入。

高速铁路接触网作业组所有的工具物品和安全用具均须粘贴反光标识，在使用前均须进行状态、数量检查，符合要求方准使用。进、出铁路防护栅栏时对所携带和消耗后的机具、材料数量认真清点核对，不得遗漏在线路或铁路防护栅栏内。

二、检修工作制度

（一）作业分类

接触网的检修作业分为三种，即：

（1）停电作业：在接触网停电设备上进行的作业。

（2）间接带电作业：借助绝缘工具间接在接触网带电设备上进行的作业。

（3）远离作业：在距接触网带电部分 1 m 及其以外的处所进行的作业。

（二）工作票

1. 工作票种类

工作票是进行接触网作业的书面依据，填写时要字迹清楚、正确，需填写的内容不得涂改和用铅笔书写。打印方式填写的工作票，工作票签发人和工作领导人必须签字确认。

根据作业性质的不同，工作票分为以下三种：

（1）接触网第一种工作票，用于停电作业，如图 4-1 所示。

接触网工区　　　　　　　　　　　　　　　　　　　　　第　　　　号

<table>
<tr><td>作业地点</td><td colspan="3"></td><td>发票人</td><td></td></tr>
<tr><td>作业内容</td><td colspan="3"></td><td>发票时间</td><td></td></tr>
<tr><td>工作票有效期</td><td colspan="5">自　　年　月　日　时　分至　　年　月　日　时　分止</td></tr>
<tr><td>工作领导人</td><td colspan="3">姓名：</td><td colspan="2">安全等级：</td></tr>
<tr><td rowspan="4">作业组成员姓名及安全等级（安全等级填在括号内）</td><td>（　　）</td><td>（　　）</td><td>（　　）</td><td>（　　）</td><td>（　　）</td></tr>
<tr><td>（　　）</td><td>（　　）</td><td>（　　）</td><td>（　　）</td><td>（　　）</td></tr>
<tr><td>（　　）</td><td>（　　）</td><td>（　　）</td><td>（　　）</td><td>（　　）</td></tr>
<tr><td>（　　）</td><td>（　　）</td><td>（　　）</td><td>（　　）</td><td>共计：　　人</td></tr>
<tr><td>需停电的设备</td><td colspan="5"></td></tr>
<tr><td>装设接地线的位置</td><td colspan="5"></td></tr>
<tr><td>作业区防护措施</td><td colspan="5"></td></tr>
<tr><td>其他安全措施</td><td colspan="5"></td></tr>
<tr><td>变更作业组成员记录</td><td colspan="5"></td></tr>
<tr><td>工作票结束时间</td><td colspan="5">年　　　月　　　日　　　时　　　分</td></tr>
<tr><td>工作领导人（签字）</td><td colspan="2"></td><td>发票人（签字）</td><td colspan="2"></td></tr>
</table>

说明：本票用白色纸印绿色格和字，规格：A4。

图 4-1　接触网第一种工作票样式

（2）接触网第二种工作票，用于间接带电作业，如图 4-2 所示。

（3）接触网第三种工作票，用于远离作业即距带电部分 1 m 及其以外的高空作业、较复杂的地面作业、未接触带电设备的测量及铁路防护栅栏内步行巡视等，如图 4-3 所示。

2. 工作票制度

（1）工作票填写一式两份，一份由发票人保管，一份交给工作领导人。工作票签发人和工作领导人安全等级不低于四级。同一张工作票的签发人和工作领导人必须由两人分别担当。事故抢修和遇有危及人身或设备安全的紧急情况，作业时可以不签发工作票，但必须有供电调度批准的作业命令，并由抢修负责人布置安全、防护措施。

接触网工区　　　　　　　　　　　　　　　　　　第　　　号

<table>
<tr><td>作业地点</td><td colspan="3"></td><td>发票人</td><td></td></tr>
<tr><td>作业内容</td><td colspan="3"></td><td>发票时间</td><td></td></tr>
<tr><td>工作票有效期</td><td colspan="5">自　　年　月　日　时　分至　　年　月　日　时　分止</td></tr>
<tr><td>工作领导人</td><td colspan="3">姓名：</td><td colspan="2">安全等级：</td></tr>
<tr><td rowspan="6">作业组成员姓名及安全等级（安全等级填在括号内）</td><td>（　）</td><td>（　）</td><td>（　）</td><td>（　）</td><td>（　）</td></tr>
<tr><td>（　）</td><td>（　）</td><td>（　）</td><td>（　）</td><td>（　）</td></tr>
<tr><td>（　）</td><td>（　）</td><td>（　）</td><td>（　）</td><td>（　）</td></tr>
<tr><td>（　）</td><td>（　）</td><td>（　）</td><td>（　）</td><td>（　）</td></tr>
<tr><td>（　）</td><td>（　）</td><td>（　）</td><td>（　）</td><td>（　）</td></tr>
<tr><td>（　）</td><td>（　）</td><td>（　）</td><td>（　）</td><td>共计：　人</td></tr>
<tr><td>绝缘工具状态</td><td colspan="5"></td></tr>
<tr><td>安全距离</td><td colspan="5"></td></tr>
<tr><td>作业区防护措施</td><td colspan="5"></td></tr>
<tr><td>其他安全措施</td><td colspan="5"></td></tr>
<tr><td>变更作业组成员记录</td><td colspan="5"></td></tr>
<tr><td>工作票结束时间</td><td colspan="5">年　　月　　日　　时　　分</td></tr>
<tr><td>工作领导人（签字）</td><td colspan="2"></td><td>发票人（签字）</td><td colspan="2"></td></tr>
</table>

说明：本票用白色纸印红色格和字，规格：A4。

图 4-2　接触网第二种工作票样式

（2）工作票有效期不得超过 3 个工作日。作业结束后，工作领导人要将工作票和相应命令票交工区统一保管。在工作票有效期内没有执行的工作票，须在右上角盖“作废”印记交回工区保管。所有工作票保存时间不少于 12 个月。

（3）发票人一般应在作业 6 h 之前将工作票交给工作领导人，使之有足够的时间熟悉工作票中的内容并做好准备工作。工作领导人对工作票内容有不同意见时，应向发票人提出，经认真分析，确认无误后，签字确认。

每次作业，一名工作领导人同时只能接受一张工作票。一张工作票只能发给一名工作领导人。

接触网工区　　　　　　　　　　　　　　　　　　第　　　号

作业地点				发票人	
作业内容				发票时间	
工作票有效期	自　年　月　日　时　分至　年　月　日　时　分止				
工作领导人	姓名：			安全等级：	
作业组成员姓名及安全等级（安全等级填在括号内）	（　）	（　）	（　）	（　）	（　）
	（　）	（　）	（　）	（　）	（　）
	（　）	（　）	（　）	（　）	（　）
	（　）	（　）	（　）	（　）	（　）
	（　）	（　）	（　）	（　）	（　）
	（　）	（　）	（　）	（　）	共计：　人
安全措施					
变更作业组成员记录					
工作票结束时间	年	月	日	时	分
工作领导人（签字）			发票人（签字）		

说明：本票用白色纸印黑色格和字，规格：A4。

图 4-3　接触网第三种工作票样式

（4）工作票中规定的作业组成员一般不应更换，若必须更换时，应由发票人签认，若发票人不在可由工作领导人签认。工作领导人更换时，必须由发票人签认。

当需变更作业种类、作业地点、作业内容、需停电的设备、封锁或限行条件等要素之一时，必须废除原工作票，签发新的工作票。

（5）工作领导人应提前组织作业组成员（含作业车司机）召开工前预备会，宣讲工作票并进行作业分工、安全预想，将本次作业任务和安全措施逐项分解落实到人，并进行针对性安全提示。作业组成员有疑问时应及时提出，工作领导人组织答疑并确认无误。

作业前，工作领导人应组织作业组成员列队点名，并确认作业安全用具准备充分、作业组人员身体及精神状态良好后，方准作业。

（6）V 形接触网检修作业使用的工作票右上角应加盖“上行”或“下行”印记。工作票中要有针对 V 形接触网检修作业的特殊性提出的安全措施。主要是：

①写明上行（下行）封锁及停电，下行（上行）未封锁及有电，人员机具和作业车平台旋转不得侵入下行（上行）限界的范围。

②防止误触有电设备的安全措施。

③防止感应电伤害的安全措施。

④防止穿越电流伤害的安全措施。

⑤高速铁路接触网作业要有防止电力机车将电带入作业区段的安全措施。

在设备较复杂的区段作业时，应附页画出作业区段简图，标明停电作业范围、接地线位置，并用红色标记带电设备。

3. 作业人员的职责

（1）工作票签发人在安排工作时，要做好下列事项：

①所安排的作业项目是必要和可能的。

②所采取的安全措施是正确和完备的。

③所配备的工作领导人和作业组成员的人数和条件符合规定。

（2）工作领导人在安排工作时，要做好下列事项：

①确认作业内容、地点、时间、作业组成员等均符合工作票提出的要求。

②确认作业采取的安全措施正确而完备。

③检查落实工具、材料准备，与安全员（安全监护人）共同检查作业组成员着装、工具、劳保用品齐全合格。

④监督作业组成员的作业安全。

⑤检查确认接触网设备送电及线路开通条件。

作业组成员要服从工作领导人的指挥、调动，遵章守纪。对不安全和有疑问的命令，要及时果断地提出，坚持安全作业。

三、高空作业

（一）一般规定

1. 凡在距离地（桥）面 2 m 及以上的处所进行的作业均称为高空作业。高空作业必须设有专人监护，其监护要求如下：

（1）间接带电作业时，每个作业地点均要设有专人监护，其安全等级不低于四级。

（2）停电作业时，每个监护人的监护范围不超过 2 个跨距，在同一组硬（软）横跨上作业时不超过 4 条股道，在相邻线路同时作业时，要分别派监护人各自监护；当停电成批清扫绝缘子时，可视具体情况设置监护人员。监护人员的安全等级不低于三级。

（3）作业人员及所携带的物件、作业工器具等与接触网带电部分距离小于 3 m 的远离作业，每个作业地点均要设有专人监护，其安全等级不低于四级。

2. 进行高空作业时，必须将安全带系在安全牢靠的地方，人员不宜位于线索受力方向的反侧，并采取防止线索滑脱的措施。在曲线区段调整接触网悬挂时，要有防止线索滑移的后备保护措施。

3. 高空作业使用的小型工具、材料应放置在工具材料袋（箱）内。作业中应使用专门的用具传递工具、零部件和材料，不得抛掷传递。

4. 冰、雪、霜、雨等天气条件下，接触网作业用的车梯、梯子、接触网作业车的爬梯和平台应有防滑措施。

（二）攀杆作业

1. 攀登工具应在出库前检查状态良好，安全用具完好合格。攀登支柱前要核对支柱号，检查支柱状态，观察支柱上有无其他设备，选好攀登方向和条件。

2. 攀登支柱时要手把牢靠，脚踏稳准，尽量避开设备并与带电设备保持规定的安全距离。用脚扣攀登时，要卡牢系紧，严防滑落。

（三）登梯作业

1. 接触网作业用的车梯和梯子必须符合结实、轻便、稳固的要求，车梯的车轮（普速铁路为三个车轮）采取可靠的绝缘措施。

2. 使用车梯进行作业时，应指定车梯负责人，工作台上的人员不得超过两名。所有的零件、工具等均不得放置在工作台的台面上。

3. 作业中推动车梯应服从工作台上人员的指挥。当车梯工作台面上有人时，推动车梯的速度不得超过 5 km/h，并不得发生冲击和急剧起、停。工作台上人员和车梯负责人应呼唤应答，配合妥当。

4. 车梯负责人和推车梯人员，应时刻注意和保持车梯的稳定状态。当车梯在曲线上或遇大风时，对车梯要采取防止倾倒的措施；当外轨超高≥125 mm或风力五级以上时，未采取固定措施禁止登车梯作业。车梯在大坡道上时，应采取防止滑移的措施。当车梯放在道床、路肩上或作业人员的重心超出工作台范围作业时，作业人员应将安全带系在接触网上。车梯在地面上推动时，工作台上不得有人停留。

5. 为避让列车需将车梯暂时移至建筑限界以外时，要采取防止车梯倾倒的措施。当作业结束，车梯需要就地存放时，须稳固在建筑限界以外不影响瞭望信号的地方，并加锁或派人看守。

6. 当用梯子作业时，作业人员应先检查梯子是否牢靠；要有专人扶梯，梯子支挂点稳固，严防滑移；梯子上只准有1人作业。

（四）接触网作业车作业

1. 接触网作业车出车前，司机应认真检查车辆和行车安全装备、防护备品齐全良好，并与作业人员检查通信工具，确保联络畅通。

2. 作业前司机应掌握作业范围和内容并进行安全预想，作业和运行过程中应注意力集中。高速铁路接触网作业车司机应执行作业前的待乘休息制度，充分休息，确保精神状态良好。

3. 接触网作业车分解作业，须提前明确每台车的作业范围，以及作业完毕后停留车列和运行连挂车辆的位置，工作领导人和司机应熟悉和掌握。接触网作业车进入封锁区间前，司机应认真核对调度命令，确认信号，按规定联控。司机和工作领导人要根据调度命令及作业地点，拟定区间返回的时刻，并严格执行。

4. 使用接触网作业车作业时，应指定作业平台操作负责人，作业平台不得超载。工作领导人必须确认地线接好后，方可允许作业人员登上接触网作业车的作业平台。作业车平台应设置随车等位线，在完成作业平台和工作对象设备等位措施后，方可触及和进行作业。

5. 人员上、下作业平台应征得作业平台操作负责人的同意。接触网作业车移动或作业平台升降、转向时，严禁人员上、下。

V 形作业时，所有人员禁止从未封锁线路侧上、下作业车辆。作业平台应具有平台转向限位装置，作业前应将限位装置打至正确位置，作业平台严禁向未封锁的线路侧旋转。当邻线有列车通过时，应停止作业。

6. 接触网作业车作业平台防护门关闭时应有闭锁装置。作业中须锁闭好作业平台的防护门，作业完毕后及时放下防护栏杆。

7. 外轨超高≥125 mm 区段人员需在作业平台上作业时，作业平台应具有自动调平装置并开启调平功能。

8. 作业人员的重心超出作业平台防护栏范围作业时，须将安全带系在牢固可靠的部位。

9. 司机（或在平台上操纵车辆移动的人员）须精力集中，密切配合，在移动车辆前应注意作业车及作业平台周围的环境、设备、人员和机具等情况，与附近的设备保持规定的安全距离。

作业平台上的所有人员在车辆移动中应注意防止接触网设备碰刮伤人。

10. 作业平台上有人作业时，作业车移动的速度不得超过 10 km/h，且不得急剧起、停车。

11. 作业中作业车的移动应听从作业平台操作负责人的指挥。平台操作负责人与司机之间的信息传递应及时、准确、清楚，并呼唤应答。

12. 高速铁路区段，现场作业结束及作业车返回驻地后，司机应对车辆状态及随车备品进行检查，发现部件缺失等应及时查找，必要时对作业车运行的区段申请采取相应行车限制措施。

四、停电作业

（一）接触网停电作业方式

双线电化区段，接触网停电作业按停电方式分为垂直作业和 V 形作业。

（1）垂直作业指在双线电化区段，上、下行接触网同时停电进行的接触网作业。

（2）V 形作业指在双线电化区段，上、下行接触网一行停电进行的接触网作业。

（二）一般规定

1. 停电作业时，作业人员（包括所持的机具、材料、零部件等）与周围带电设备的距离不得小于下列规定：500 kV 为 6 000 mm，330 kV 为 5 000 mm；220 kV 为 3 000 mm；110 kV 为 1 500 mm；25 kV 和 35 kV 为 1 000 mm；10 kV 及以下为 700 mm。

2. 检修各种电缆及附件前应对电缆导体、铠装层及屏蔽层两端进行安全接地，并充分放电。当断开电缆导体、铠装层、屏蔽层以及检修上网隔离（负荷）开关、绝缘锚段关节、关节式分相、分段绝缘器、分相绝缘器时，应采取防止感应电及穿越电流人身伤害措施。

3. 不能采用V形作业进行的停电检修作业，须利用垂直作业方式，其地点应在接触网平面图上用红线框出，并注明禁止V形作业字样。

（三）V形天窗作业

1. 进行V形停电作业应具备的条件：

（1）一行接触网设备距离另一行接触网带电设备间的距离大于2 m，困难时不小于1.6 m。

（2）一行接触网设备距离另一行通过的电力机车（动车）受电弓瞬时距离大于2 m，困难时不小于1.6 m。

（3）高速铁路上、下行或由不同馈线供电的设备间的分段绝缘器其主绝缘爬电距离不小于1.2 m，普速铁路上、下行或由不同馈线供电的设备间的分段绝缘器其主绝缘爬电距离不小于1.6 m；分段绝缘器的空气绝缘间隙不应小于300 mm。

（4）高速铁路上、下行或由不同馈线供电的横向分段绝缘子串，爬电距离须保证在1.2 m及以上，污染严重的区段应达到1.6 m。普速铁路上、下行或由不同馈线供电的横向分段绝缘子串，爬电距离不小于1.6 m。

（5）同一支柱（吊柱）上的设备由同一馈线供电。

2. 利用V形停电作业时，应遵守下列要求：

（1）接触网停电作业前，须撤除向相邻线供电的馈线开关保护重合闸，断开相应可能向作业线路送电的所、亭开关。

（2）作业人员作业前，工作领导人（监护人员）应向作业人员指明停、带电设备的范围，加强监护，并提醒作业人员保持与带电部分的安全距离，确保人员、机具不侵入邻线限界。

（3）为防止动车组（电力机车）将电带入停电区段，列车调度员（车站值班员）应确认禁止动车组（电力机车）通过的限制要求。

（4）在断开导电线索前，应事先采取旁路措施。更换长度超过 5 m 的长大导体时，应先等电位后接触，拆除时应先脱离接触再撤除等电位。

（5）检修吸上线、PW 线、回流线（含架空地线与回流线并用区段）、避雷线等附加导线时不得开路，如必须进行断开回路的作业，则须在断开前使用不小于 25 mm^2 铜质短接线先行短接后，方可进行作业。

在变电所、分区所、AT 所处进行断开吸上线、电缆及其屏蔽层的检修时应采用垂直作业。

吸上线与扼流变中性点连接点的检修，不得进行拆卸，防止造成回流回路开路。确需拆卸处理时，须采取旁路措施，必要时请电务部门配合。

（6）V 形作业检修支柱下部地线、避雷引下线等，可在不停电情况下进行，但须执行第三种工作票并做好行车防护，不得侵入限界；开路作业时应使用短接线先行短接后，方可进行作业。

遇有雨、雪、雾、重度霾、强风及以上恶劣天气时，一般不进行 V 形停电作业。必须利用 V 形作业进行检修和故障处理或事故抢修时，应增设接地线，并在加强监护的情况下方准作业。

（7）检修隔离开关、绝缘锚段关节、电分段锚段关节、关节式分相和分段绝缘器等作业时，应用不小于 25 mm^2 的等位线先连接等位后再进行作业。

3. 120 km/h 以上区段且线间距小于 6.5 m 时，V 形停电作业一般不使用车梯和梯子。特殊情况下必须使用车梯或梯子作业时，应办理邻线列车限速 120 km/h 及以下限制条件后，方可上道作业。当列车通过时，应停止操作。

4. V 形停电作业接地线设置还应执行以下要求：

（1）两接地线间距大于 1 000 m 时，需增设接地线。

（2）一般情况下，接触悬挂和附加导线及同杆架设的其他供电线路均需停电并接地。但若只在接触悬挂部分作业，不侵入附加导线及同杆架设的其他供电线路的安全距离时，附加悬挂及同杆架设的其他供电线路可不接地，但须按有电对待并保持足够的安全距离。

（3）在电分段、软横跨等处作业，中性区及一旦断开开关有可能成为中性区的停电设备上均应接地线，但当中性区长度小于 10 m 时，在与接地设备等电位后可不接地线。

（4）接地线应可靠安装，不得侵入邻线限界，并有防风摆措施。

（四）命令程序

1. 每个作业组停电作业前，由工作领导人指定一名安全等级不低于三级的作业组成员作为要令人员，向供电调度申请停电命令，并说明停电作业的范围、内容、时间、安全和防护措施等。

几个作业组同时作业时，每一个作业组必须分别设置安全防护措施，分别向供电调度申请停电命令。

2. 供电调度员在发布停电作业命令前，要做好下列工作：

（1）将所有的停电作业申请进行综合安排，审查作业内容和安全防护措施，确定停电的区段。

（2）通过列车调度员办理停电作业的手续，对可能通过受电弓导通电流的部位采取行车封闭或限制措施，防止来电的可能。

（3）确认有关馈电线断路器、开关均已断开。

（4）进行接触网上网电缆、上网隔离（负荷）开关停电作业时，确认上网电缆在变电所亭侧、GIS 柜侧已接地。

3. 供电调度员发布停电作业命令时，受令人应认真复诵，经确认无误后，方可给命令编号和批准时间。在发、受停电命令时，发令人要将命令内容等进行记录，受令人要填写“接触网停电作业命令票”。

（五）验电接地

1. 作业组在接到停电作业命令后须先验电接地，然后方可进行作业。

2. 使用抛线法验电时按下列顺序进行：

（1）检查所用抛线的技术状态，抛线须用截面积 6～8 mm^2 的裸铜软脚线做成。

（2）接好接地端。

（3）抛线时要使之不可能触及其他带电设备，抛线抛出后人体随即离开抛线，抛出的抛线不得短接钢轨。

（4）抛线的位置应在作业区两端接地线的范围内。

（5）接地线装设完毕后，方准拆除抛线。

3. 使用验电器验电的有关规定：

（1）必须使用同等电压等级的验电器验电，验电器的电压等级为 25 kV。

(2) 验电器具有自检和抗干扰功能，自检时具有声、光等信号显示。

(3) 验电前自检良好后，现场检查确认声、光信号显示正常（有条件的，还要先在同等电压等级有电设备检查其性能），然后再在停电设备上验电。

(4) 在运输和使用过程中，应确保验电器状态良好。

4. 接地线应使用截面积不小于 25 mm^2 的裸铜绞线制成并有透明护套保护。接地线不得有断股、散股和接头。

5. 接地线应可靠接在钢轨上，且不应跨接在钢轨绝缘两侧、道岔尖轨处。必须跨接在钢轨绝缘两侧时，应封闭线路。地线穿越或跨越股道时，必须采取绝缘防护措施。

6. 当验明确已停电后，须立即在作业地点的两端和与作业地点相连、可能来电的停电设备上装设接地线。如作业区段附近有其他带电设备时，按《普速铁路接触网安全工作规则》第六十二条规定，并在需要停电的设备上也装设接地线。

在装设接地线时，先将接地线的一端接地；再将另一端与被停电的导体相连。拆除接地线时，其顺序相反。接地线要连接牢固，接触良好。

装设接地线时，人体不得触及接地线，接好的接地线不得侵入未封锁线路的限界。作业范围内加挂的接地线不得影响正常作业。装设或拆除接地线时，操作人要借助于绝缘杆进行。绝缘杆要保持清洁、干燥。

当作业内容不涉及正馈线、回流线（保护线），及其他停电线路及设备时，对这些不涉及的线路和设备可不装设接地线，但要按照有电对待，保持规定的安全距离。

停电天窗时间内，使用接触网作业车或专用车辆进行接触网巡视或检测作业，可不装设接地线。不装设接地线时，作业过程中禁止攀登平台、车顶和支柱。

7. 验电和装设、拆除接地线必须由两人进行，一人操作，一人监护。

8. 接地线位置应处在停电范围之内，作业地点范围之外。在停电作业的接触网附近有平行带电的高压电力线路或接触网时，为防止感应电压，除按规定装设接地线外，还应增设接地线。

9. 关节式分相检修时，除在作业区两端装设接地线外，还应在中性区上增设地线，并将断口进行可靠等位短接。

（六）作业结束

1. 工作票中规定的作业任务完成后，由工作领导人确认具备送电、行车条件，清点作业人员、机具、材料等，确认没有遗留后全部撤至安全地带，拆除接地线，通知要令人请求消除停电作业命令。

停电命令消除后，人员、机具必须与接触网设备保持规定的安全距离；作业车辆驶出封锁区间（站场进入指定位置后）或人员及机具撤离至铁路建筑限界（防护栅栏）以外后，方可消除行车封锁（邻线限速）命令。

几个作业组同时作业，当作业结束时，每个作业组须分别向供电调度申请消除停电作业或间接带电作业命令。

2. 供电调度送电时按下列顺序进行：

第一步，确认整个供电臂所有作业组均已消除停电作业命令；第二步，按照规定进行倒闸作业；第三步，通知列车调度员接触网已送电。

五、间接带电作业

（一）一般规定

1. 遇有雨、雪、重雾、霾等恶劣天气、或空气相对湿度大于85%时，一般不进行间接带电作业。

2. 间接带电作业人员在接触工具的绝缘部分时应戴干净的手套，不得赤手接触或使用脏污手套。

3. 间接带电作业时，作业人员（包括其所携带的非绝缘工具、材料）与带电体之间须保持的最小距离不得小于1 000 mm，当受限制时不得小于600 mm。

（二）命令程序

1. 每次作业前，由工作领导人指定安全等级不低于三级的作业组成员作为要令人员向供电调度员申请作业命令。在申请作业命令时，要说明间接带电作业的范围、内容、时间和安全防护措施等。

几个作业组同时作业时，每一个作业组须分别设置安全防护措施，分别向供电调度申请作业命令。

2. 供电调度在发布间接带电作业命令前，要做好下列工作：

（1）将所有的间接带电作业申请进行综合安排，审查作业内容和安全防护措施，确定作业地点、范围和安全防护措施。

（2）根据作业需求，撤除有关馈线断路器的重合闸。

（3）在发布间接带电作业命令时，经受令人认真复诵并确认无误后，方可发布命令编号和批准时间。每次进行间接带电作业时，发令人将命令内容填写在“作业命令记录”

中，受令人要填写“接触网间接带电作业命令票”。

3. 在作业过程中如果发现馈电线的断路器跳闸，供电调度员在未查清作业组情况前不得送电。作业组如果发现接触网无电时，要立即向供电调度报告。

（三）作业结束

1. 作业任务完成，清点全部作业人员、机具、材料并撤至安全地带后，由工作领导人宣布结束作业，通知要令人向供电调度员申请消除间接带电作业命令。

几个作业组同时作业时，要分别向供电调度申请消除间接带电作业命令。

2. 供电调度员确认作业组已经结束作业，不妨碍正常供电和行车后，给予消除作业命令时间，双方均记入记录中，整个间接带电作业方告结束。

供电调度员确认供电臂内所有的作业组均已消除间接带电作业命令，方能恢复有关馈线断路器的重合闸。

（四）安全技术措施

1. 间接带电作业工作领导人不得直接参加操作，必须在现场不间断地进行安全监护。

2. 工作领导人在作业前检查工具良好，确认联络员和行车防护人员已全部就位，通信联络工具状态良好，间接带电作业命令程序办理完毕，所采取的安全及防护措施全部落实后，方能向作业组下达作业开始的命令。

六、倒闸作业

1. 接触网倒闸作业执行一人操作、一人监护制度。

2. 接触网隔离开关、负荷开关的倒闸作业，具备远动功能的由供电调度员远动操作。不具备远动功能或远动功能失效时，由供电调度员发布倒闸命令，作业人员当地操作。

3. 在高速铁路防护栅栏内进行当地倒闸作业时，必须在上、下行线路封锁或本线封锁、邻线列车限速 160 km/h 及以下进行。

4. 从事隔离开关、负荷开关现场倒闸作业人员应由安全等级不低于三级人员担任。

5. 接触网作业人员进行隔离开关、负荷开关倒闸时，必须有供电调度的命令；对动车所等单位有权操作的隔离开关，接触网作业人员倒闸作业之前，须告知该单位主管负责人，并共同确认做好相应措施。

6. 在申请倒闸命令时，先由安全等级不低于三级的要令人向供电调度提出申请，供电调度员审查无误后发布倒闸命令；要令人受令复诵，供电调度员确认无误后，方可给命令编号和批准时间；每次倒闸作业，发令人要将命令内容记录，受令人要填写“隔离（负荷）开关倒闸命令票”。

7. 操作人员接到倒闸命令后，必须先确认开关位置和开合状态无误，再进行倒闸。倒闸时操作人必须戴好安全帽和绝缘手套，穿绝缘靴，操作准确迅速，一次开闭到位，中途不得停留和发生冲击。

8. 倒闸作业完成，确认开关开合状态无误后，向要令人报告倒闸结束，由要令人向供电调度员申请消除倒闸作业命令。供电调度员要及时发布完成时间和编号并进行记录，要令人填写“隔离（负荷）开关倒闸完成报告单”。

9. 遇有危及人身或设备安全的紧急情况，可以不经供电调度批准，先行断开断路器或有条件断开的负荷开关、隔离开关，并立即报告供电调度。但再闭合时必须有供电调度员的命令。

10. 严禁带负荷进行隔离开关的倒闸作业。严禁利用隔离开关或负荷开关对故障线路进行试送电。隔离开关可以开、合不超过 10 km（延长公里）线路的空载电流，超过时，应经过试验，并经铁路局集团公司批准。

11. 远动操作时，供电调度员应通过调度端显示的遥信信号对开关位置进行确认，现场有作业人员时，还应进行现场确认。

12. 远动系统异常时，禁止远动倒闸操作。遇开关位置信号异常时，应立即安排人员现场确认。

13. 隔离开关、负荷开关的机构箱或传动机构须加锁，钥匙应存放于固定地点并由专人保管。

七、作业区防护

1. 进行接触网施工或维修作业时，应在列车调度台，或车站（动车所）行车室设联络员，施工及维修地点设现场防护人员。要求如下：

（1）联络员和现场防护人员应由指定的、安全等级不低于三级人员担任。

（2）在车站行车室设驻站联络员时，区间作业，驻站联络员设在该区间相邻车站的行车室；车站作业，驻站联络员设在本站行车室。

（3）作业区段按照规定距离设置现场防护人员，防护人员担当行车防护同时可负责监护接触网停电接地封线状态。防护人员不得侵入机车车辆限界。

2. 接触网施工维修作业防护按照《铁路技术管理规程》相关规定执行。接触网维修作业，现场防护人员应站在维修地点附近、且瞭望条件较好的地点进行防护，显示停车手信号。

3. 当设备发生故障，需在双线区间的一线上道检查、处理设备故障时，须进行防护，本线、邻线可不设置防护信号，司机应加强瞭望，具体防护办法由铁路局集团公司制定。

4. 作业过程中，联络员、现场防护人员与现场工作领导人之间必须保持通信畅通并定时联系，确认通信良好。一旦联控通信中断，工作领导人应立即命令所有作业人员下道，撤至安全地带。

不同作业组分别作业时，不准共用现场防护人员。在未设好防护前不得开始作业，在人员、机具未撤至安全地点前不准撤除防护。

5. 驻调度所（驻站）联络员、现场防护人员须做到：

（1）具备基本的行车知识，熟悉有关行车防护知识，驻调度所（驻站）联络员还应熟悉列车调度台及车站行车室有关设备显示。

（2）熟悉有关防护及通信工具的使用方法及各种防护信号的显示方法，每次出工前应检查通信工具是否良好，行车防护用品携带齐全、有效。

（3）作业期间坚守岗位，思想集中，及时、准确、清晰地传递行车信息和信号，作业未销记前，不得撤离工作岗位。

（4）不得影响其他线路上列车正常运行。

第二节　牵引变电所作业安全

一、工作人员基本要求

（一）安全等级制度

1. 为保证牵引变电所的运行和检修安全，对有关人员实行安全等级制度。凡从事牵引变电所运行和检修工作的有关人员，都必须经过考试评定安全等级，取得安全合格证后，方准参加牵引变电所运行和检修工作。安全等级的规定见表 4-1。

表 4-1　牵引变电所工作人员安全等级

等级	允许担当的工作	必须具备的条件
一级	不允许在高速铁路牵引变电所进行工作	新从事牵引变电所作业人员经过教育和学习，初步了解在牵引变电所内安全作业的基本知识
二级	（1）停电作业 （2）远离带电部分作业	（1）担任一级工作半年以上 （2）具有牵引变电所运行、检修或试验的一般知识 （3）了解《牵引变电所安全工作规则》 （4）根据所担当的工作掌握电气设备的停电作业的工作 （5）能处理较简单的故障 （6）会进行紧急救护
三级	（1）值守人员 （2）停电作业和远离带电部分作业的工作领导人 （3）高压试验的工作领导人	（1）担任二级工作 1 年以上 （2）掌握牵引变电所运行、检修或试验的有关规定 （3）熟悉《牵引变电所安全工作规则》 （4）能领导作业组进行停电和远离带电部分的作业 （5）会处理常见故障

续上表

等级	允许担当的工作	必须具备的条件
四级	（1）牵引变电所工长 （2）检修班组工长 （3）工作票发票人	（1）担任三级工作1年以上 （2）熟悉牵引变电所运行、检修或试验的有关规定 （3）根据所担当的工作，熟悉电气设备的检修和试验 （4）能处理较复杂的故障
五级	（1）车间主任、供电调度人员 （2）技术主任、副主任、有关技术人员 （3）段长、副段长、总工程师	（1）担当四级工作1年以上，技术员及以上的各级干部具有中等专业学校或相当于中等专业学校及以上的学历者（牵引供电专业）可不受此限 （2）熟悉并会解释牵引变电所运行、检修和安全工作规则及检修工艺

2. 对违反《牵引变电所安全工作规则》受处分的人员，降低其安全等级，需恢复原安全等级时，必须重新通过安全等级考试。

3. 未按规定参加安全考试和取得安全合格证的人员，必须经在安全等级不低于三级的人员监护下，方可进入牵引变电所的高压设备区。

（二）培训考试制度

1. 从事牵引变电所运行和检修工作的人员，每年定期进行1次安全考试。属于下列情况的人员，要事先进行安全考试：

（1）开始参加牵引变电所运行和检修工作的人员。

（2）当职务或工作单位变更，但仍从事牵引变电所运行和检修工作并需提高安全等级的人员。

（3）中断工作连续3个月以上仍需继续担当牵变电所运行和检修工作的人员。

2. 外单位来所作业的人员，应进行安全教育，必要时进行安全考试，经设备运行维护管理单位许可且在安全等级不低于三级的人员监护下，方可进入。

（三）其他规定

1. 牵引变电所的电气设备自第一次受电开始即认定为带电设备。

2. 从事牵引变电所运行和检修工作的人员每年进行一次身体检查，对不适合从事牵引变电所运行和检修作业的人员要及时调整。

3. 雷电时禁止在室外设备以及与其有电气连接的室内设备上作业。遇有雨、雪、雾、风（风力在五级及以上）的恶劣天气时，禁止进行带电作业。

4. 高空作业人员要系好安全带，戴好安全帽。在作业范围内的地面作业人员也必须戴好安全帽。高空作业时要使用专门的用具传递工具、零部件和材料等，不得抛掷传递。

5. 作业使用的梯子要结实、轻便、稳固，并按规定进行试验。当用梯子作业时，梯子放置的位置要保证梯子各部分与带电部分之间保持足够的安全距离，且有专人扶梯。登梯前作业人员要先检查梯子是否牢靠，梯脚要放稳固，严防滑移；梯子上只能有一人作业。使用人字梯时，必须有限制开度的措施。

6. 在牵引变电所内搬动梯子、长大工具、材料、部件时，要时刻注意与带电部分保持足够的安全距离。

7. 使用携带型火炉或喷灯时，不得在带电的导线、设备以及充油设备附近点火。作业时其火焰与带电部分之间的距离：电压为 10 kV 及以下者不得小于 1.5 m，电压为 10 ～

220 kV 不得小于 3 m，330 V 不小于 4 m。

8. 牵引变电所房屋和各类设备的钥匙均应配备至少两套。各高压分间以及各隔离开关的钥匙均不得相互通用。有人值守牵引变电所房屋及设备钥匙由值守人员保管 1 套，交接班时移交下一班；另 1 套存放所内固定位置，并指定专人保管。无人值守牵引变电所 1 套房屋钥匙由运行车间管理，1 套设备钥匙在所内固定位置存放；另 1 套房屋及设备钥匙由检修车间管理。

9. 在全部或部分带电的盘上进行作业时，应将有作业的设备与运行设备以明显的标志隔开。

10. 供电调度员下达的倒闸和作业命令除遇有危及人身及设备安全的紧急情况外，均必须有命令编号和批准时间；没有命令编号和批准时间的命令无效。

11. 牵引变电所自用电变压器、额定电压为 10 kV 及以上的设备，其倒闸作业以及撤除或投入自动装置、远动装置和继电保护，除特殊情况外，均必须有供电调度的命令方可操作。

12. 停电的甚至是事故停电的电气设备，在断开有关电源的断路器和隔离开关（含三工位开关）并按规定做好安全措施前，任何人不得进入高压防护栅内，且不得触及该设备。

13. 牵引变电所发生高压（对地电压为 250 V 以上，下同）接地故障时，在切断电源之前，任何人与接地点的距离：室内不得小于 4 m，室外不得小于 8 m。必须进入上述范围内作业时，作业人员要穿绝缘靴，接触设备外壳和构架时要戴绝缘手套。作业人员进入电容器组围栅内或在电容器上作业时，要将电容器逐个放电并接地后方准作业。

14. 牵引变电所要按规定配备消防设施和急救药箱。当电气设备发生火灾时，要立即将该设备的电源切断，然后按规定采取有效措施灭火。

15. 运行检修人员应掌握紧急救护方法，特别要学会触电急救；具备必要的消防知识，特别要具备电气设备消防知识。

二、运行安全

（一）值守

1. 牵引变电所和开闭所每班宜设值守人员两名，由安全等级不低于三级的值班员担任。值守人员负责监视设备运行状态、应急故障处理和安全保卫。分区所、AT 所无人值守。必要时（如倒闸或检修作业时）由安全等级不低于三级的运行检修人员临时担任值守人员。

2. 有人值守的牵引变电所发生设备故障时，值守人员应及时、准确向供电调度汇报现场故障信息，在供电调度的指挥下进行应急处理，尽快恢复送电。

3. 无人值守的牵引变电所发生设备故障时，供电调度应通过远动操作，切除故障点，尽快恢复送电；远动不能操作时，通知设备运行维护管理单位处理，尽快恢复送电。

4. 牵引变电所须配备必要的安全用具，有人值守牵引变电所还须配备必要的工器具、仪器仪表。

5. 当班值守人员不得签发工作票和参加检修工作。

（二）巡视

1. 除有权单独巡视的人员外，其他人员无权单独巡视。

有权单独巡视的人员是：牵引变电所值守人员和工长；安全等级不低于四级的检修人员、技术人员和主管领导干部。

2. 值守人员巡视时，要事先通知供电调度或另一值守人员；其他人巡视时要经值守人员同意。在巡视时不得进行其他工作，禁止移开、越过高压设备的防护栅，并与带电部分保持足够的安全距离。

3. 在有雷、雨的情况下必须巡视室外高压设备时，要穿绝缘靴、戴安全帽，并不得靠近避雷针和避雷器。

（三）倒闸

1. 倒闸操作分远动操作和当地操作。远动操作分单控操作和程控操作。

（1）远动操作由供电调度完成。

（2）当地操作由值守人员完成。

2. 牵引变电所倒闸作业，一般由供电调度通过远动操作完成。

牵引变电所进行当地倒闸操作时，由供电调度员发布倒闸作业命令；受令人受令复诵，供电调度员确认无误后，方准给予命令编号和批准时间；每个倒闸命令，发令人和受令人双方均要填写倒闸操作命令记录。

供电调度员对一个牵引变电所一次只能下达一个倒闸作业命令，即一个命令完成之前，不得发出另一个命令。

3. 当地倒闸作业应根据供电调度的命令进行，一人操作，一人监护。值守人员在接到倒闸命令后，要立即进行倒闸。操作前应先进行模拟操作，确认无误后，方可进行倒闸。操作中应执行监护复诵制度。操作过程中应按操作卡片顺序逐项操作。

当地手动操作时操作人和监护人均须穿绝缘靴、戴安全帽，同时操作人还要戴绝缘手套。隔离开关的倒闸操作要迅速准确，中途不得停留和发生冲击。

4. 倒闸作业完成后，电气设备操作后的位置确认原则：远动操作，供电调度确认；当地操作，操作人和监护人现场确认。

电气设备操作后的位置检查应以设备实际位置为准，无法看到实际位置时，可通过设备的机械指示位置、电气指示、带电显示装置、仪表及各种遥测、遥信等指示信号的变化来确认。确认时，应有两个及以上的指示信号，且所有指示信号均已同时发生对应变化，才能确认该设备已操作到位。

当地操作时，监护人检查确认完毕后，立即向供电调度报告，供电调度员及时发布完成时间，至此倒闸作业结束。

5. 倒闸作业应按操作卡片进行，没有操作卡片时，由供电调度编写倒闸操作卡片。

6. 编写操作卡片及倒闸表要遵守下列原则：

(1) 停电时的操作程序：先断开负荷侧后断开电源侧；先断开断路器后断开隔离开关。送电时，与上述操作程序相反。

(2) 隔离开关分闸时，先断开主闸刀后闭合接地闸刀；合闸时，与上述程序相反。

(3) 禁止带负荷进行隔离开关的倒闸作业和在接地闸刀闭合的状态下强行闭合主闸刀。

7. 当回路中未装断路器时可用隔离开关进行下列操作：

(1) 开、合电压互感器和避雷器。

（2）开、合母线和直接接在母线上的设备的电容电流。

（3）空载开合所用变。

8. 拆装高压熔断器必须一人操作，一人监护。操作人和监护人均要穿绝缘靴、戴防护眼镜，操作人还要戴绝缘手套。

9. 带电更换低压熔断器时，操作人要戴防护眼镜，站在绝缘垫上，并要使用绝缘夹钳或绝缘手套。

10. 正常情况下，不应操作脱扣杆进行断路器分闸。

11. 遇有危及人身安全的紧急情况，值守人员可先行断开有关的断路器和隔离开关，再报告供电调度，但再合闸时必须有供电调度员的命令。

三、检修作业制度

（一）作业分类

牵引变电所的检修作业可分为以下五种：

（1）高压设备停电作业：在停电的高压设备上进行的作业及在低压设备和二次回路上进行的需要高压设备停电的作业。

（2）高压设备带电作业：在带电的高压设备上进行的作业。

（3）高压设备远离带电部分的作业（简称远离带电部分的作业，下同）：当作业人员与高压设备带电部分之间保持规定的安全距离条件下，在高压设备上进行的作业。

（4）低压设备停电作业：在停电的低压设备上进行的作业。

（5）低压设备带电作业：在带电的低压设备上进行的作业。

（二）工作票

1. 工作票是在牵引变电所内进行作业的书面依据，要字迹清楚、正确，不得涂改，可打印，不得用铅笔书写。工作票按供电调度要求提前申报。工作票要一式两份，一份交工作领导人，一份交值守人员。值守人员据此办理准许作业手续，做好安全措施。

工作票应使用统一的票面格式，由工作票签发人审核无误，手工签名后方可执行。

2. 事故抢修、情况紧急时可不开工作票，但应向供电调度报告概况，听从供电调度的指挥；在作业前必须按规定做好安全措施，并记录作业的时间、地点、内容、安全措施及批准人的姓名等。

3. 在必须立即改变继电保护装置整定值的紧急情况下，可不办理工作票，由当班的供电调度员远程更改或下令由运行检修人员更改定值，事后供电调度员和运行检修人员应记录上述过程。

4. 根据作业性质的不同，工作票分为三种：第一种工作票，用于高压设备停电作业；第二种工作票，用于高压设备带电作业；第三种工作票，用于远离带电部分的作业、低压设备上作业，以及在二次回路上进行的不需高压设备停电的作业。

5. 第一种工作票的有效时间，以批准的检修期为限。若在规定的工作时间内作业不能完成，应在规定的结束时间前，根据工作领导人的请求，由值守人员向供电调度办理延期手续。第二种、第三种工作票有效时间最长为 1 个工作日，不得延长。

因作业时间较长，工作票污损影响继续使用时，应将该工作票重新填写。

6. 发票人在工作前要尽早将工作票交给工作领导人和值守人员，使之有足够的时间熟悉工作票中内容及做好准备工作。

工作领导人和值守人员对工作票内容有不同意见时，要向发票人及时提出，经过认真分析，确认正确无误，方准作业。

7. 工作票中规定的作业组成员，一般不应更换；若必须更换时，应经发票人同意，若发票人不在，可经工作领导人同意，但工作领导人更换时必须经发票人同意，并均要在工作票上签字。工作领导人应将作业组成员的变更情况及时通知值守人员。

8. 外单位及非专业人员在牵引变电所工作时应加入作业组并须遵守以下规定：

（1）若需设备停电，要按停电的性质和范围填写相应的工作票，办理停电手续，并须在安全等级不低于三级人员的监护下进行工作。工作票一张交给值守人员，另一张交给监护人，监护人负责有关电气安全方面的监护职责。

（2）若设备不需停电，由值守人员负责做好电气方面的安全措施（如加设防护栅、悬挂标识牌等），向有关作业负责人讲清安全注意事项，并记录在运行日志或有关记录中，双方签认后方准开工，必要时可派安全等级不低于二级的运行检修人员进行电气安全监护。

9. 一个作业组的工作领导人同时只能接受一张工作票。一张工作票只能发给一个作业组。同一张工作票，工作领导人、发票人、值守人员不得相互兼任。

（三）作业人员职责

1. 工作票签发人签发工作票时要做到：

（1）安排的作业项目是必要和可能的。

（2）采取的安全措施是正确和完备的。

（3）配备的工作领导人和作业组成员的人数和条件符合规定。

2. 工作领导人要做好下列事项：

（1）作业范围、时间、作业组成员等符合工作票要求。

（2）复查值守人员所做的安全措施，要符合规定要求。

（3）时刻在场监督作业组成员的作业安全，如果必须短时离开作业地点时，要指定临时代理人，否则停止作业，并将人员和机具撤至安全地带。

3. 值守人员要做好下列工作：

（1）复查工作票中必须采取的安全措施符合规定要求。

（2）经复查无误后，向供电调度申请停电或撤除重合闸、自投装置。

（3）按照有关规定和工作票的要求做好安全措施。

4. 作业组成员服从工作领导人的安排，要确认各自的职责。对不安全和有疑问的命令要果断及时地提出意见。

5. 值守人员在做好安全措施后，要到作业地点进行下列工作：

（1）会同工作领导人按工作票的要求共同检查作业地点的安全措施。

（2）向工作领导人指明准许作业的范围、接地线和旁路设备的位置、附近有电（停电作业时）或接地（直接带电作业时）的设备，以及其他有关注意事项。

（3）经工作领导人确认符合要求后，双方在两份工作票上签字后，工作票一份交工作领导人，另一份值守人员留存，即可开始作业。

6. 每次开工前，工作领导人要在作业地点向作业组全体成员宣讲工作票，布置安全措施。

7. 停电作业时，在消除命令之前，禁止向停电的设备上送电。在紧急情况下必须送电时要按下列规定办理：

（1）值守人员通知工作领导人，说明原因，暂时结束作业，收回工作票。对非牵引负荷，在送电前必须通知有关用户。

（2）拆除临时防护栅、接地线和标示牌，恢复常设防护栅、标示牌。

（3）属供电调度管辖的设备，由供电调度发布送电命令；其他设备由牵引变电所工长批准送电。

（4）值守人员将送电原因、范围、时间和批准人、联系人姓名等，记入运行日志或有关记录中。

8. 停电作业的设备，在结束作业前需要试加工作电压时，要按下列规定办理：

（1）确认作业地点的人员、材料、部件、机具均已撤至安全地带。

（2）由值守人员将该停电范围内所有的工作票收回，拆除妨碍送电的临时防护栅、接地线及标示牌，恢复常设防护栅和标示牌。

（3）按照设备停、送电的所属权限，值守人员将试加工作电压的时间报告供电调度，并将供电调度员的姓名、报告时间记入有关记录。

（4）工作领导人与值守人员共同对有关部分进行全面检查，确认可以送电后，在牵引变电所工长或工作领导人的监护下，由值守人员进行试加工作电压的操作。

（5）试加工作电压完毕，值守人员要将其开始和结束的时间及试加电压的情况记入有关记录。试加工作电压结束后如仍需继续作业，必须由值守人员根据工作票的要求，重新做安全措施、办理准许作业手续。

（四）安全监护

1. 当进行电气设备的带电作业和远离带电部分的作业时，工作领导人主要是负责监护作业组成员的作业安全，不参加具体作业。

当进行电气设备的停电作业时，工作领导人除监护作业组成员的作业安全外，在下列情况可以参加作业：

（1）全所停电时。

（2）部分设备停电、距带电部分较远或有可靠的防护设施，作业组成员不致触及带电部分时。

2. 当作业人员较多或作业范围较广，工作领导人监护不到时，可另设监护人。设置的监护人员由工作领导人指定安全等级符合要求的作业组成员担当。

3. 当作业需要时可以派遣作业小组（包括监护人）到作业地点以外的处所作业。作业人员的安全等级：停电作业不低于二级，带电作业不低于三级；监护人的安全等级：停电作业不低于三级，带电作业不低于四级。

禁止任何人在高压防护栅内单独停留和作业。

4. 牵引变电所工长或值守人员要随时巡视作业地点，了解工作情况，发现不安全情况要及时提出，若属危及人身、行车、设备安全的紧急情况时，有权制止其作业，收回工作票，令其撤出作业地点；必须继续进行作业，要重新办理准许作业手续，并记录中断作业的地点、时间和原因。

（五）作业间断和结束工作票

1. 作业中需暂时中断工作离开作业地点时，工作领导人负责将人员撤至安全地带，材料、零部件和机具要放置牢靠，并与带电部分之间保持规定的安全距离，将作业借用的钥匙和工作票交给值守人员。继续工作时，工作领导人要征得值守人员的同意，取回钥匙和工作票，重新检查安全措施，符合工作票要求后方可开工。在作业中断期间，未征得工作领导人同意，作业组成员不得擅自进入作业地点。

每日开工和收工除按上述规定执行外，在收工时还应清理作业场地，开放封闭的通路，开工时工作领导人还要向作业组成员宣讲工作票，布置安全措施后方可开始作业。

2. 作业全部完成时，由作业组负责清理作业地点，工作领导人会同值守人员检查作业中涉及的所有设备，确认可以投入运行，工作领导人在工作票中填写结束时间并签字，然后值守人员即可按下列程序结束作业：

（1）拆除所有的接地线，点清其数目，并核对号码。

（2）拆除临时防护栅和标示牌，恢复常设的防护栅和标志。

（3）必要时应测量设备状态。

在完成上述工作后，值守人员在工作票中填写结束时间并签字，作业方告结束。

四、检修作业安全

（一）高压设备停电作业

1. 停电范围

当进行停电作业时，设备的带电部分距作业人员小于表 4-2 规定者，均须停电。

表 4-2　停电作业安全距离

电压等级	无防护栅	有防护栅
330 kV	4 000 mm	—
220 kV	3 000 mm	2 000 mm
55～110 kV	1 500 mm	1 000 mm
27.5 kV 和 35 kV	1 000 mm	600 mm
10 kV 及以下	700 mm	350 mm

在二次回路上进行作业时，引起一次设备中断供电或影响安全运行的有关设备须停电。

对停电作业的设备，必须从可能来电的各方向切断电源，并有明显的断开点。若无法观察到停电设备的断开点，应有能够反应设备运行状态的电气和机械等指示。断路器和隔离开关断开后，及时断开其控制电源和合闸电源。与停电设备有关的变压器和电压互感器，应将设备各侧断开，防止向停电检修设备反送电。

上下行并联的回流线当一侧带电运行时，视为带电设备。

2. 作业命令办理

（1）作业前由值守人员向供电调度申请停电，申请时要说明作业内容、时间、安全措施、班组和工作领导人的姓名。供电调度员审查无误后发布停电作业命令。供电调度员在发布停电作业命令时，受令人要认真复诵，经确认无误后，方可给命令编号和批准时间。发令人和受令人同时填写作业命令记录，并由值守人员将命令编号和批准时间填入工作票。

（2）在同一个停电范围内有几个作业组同时作业时，对每一个作业组，值守人员必须分别办理停电作业申请。

3. 验电接地

（1）高压设备验电及装设或拆除接地线时，必须一人操作，一人监护。操作人和监护人须穿绝缘靴、戴安全帽，操作人还要戴绝缘手套。

（2）验电前要将验电器在有电的设备上试验，确认良好方准使用。验电时，对被检验设备的所有引入、引出线均须检验。

无法直接验电的设备，通过设备的机械指示位置、电气指示、带电装置、仪表及各种遥测、遥信等指示信号的变化来确认。确认时，应有两个及以上的指示信号，且所有指示信号均已同时发生对应变化，才能确认该设备已无电。

表示设备断开和允许进入间隔的信号或常设的电压表、带电显示器等，若指示有电，则禁止在该设备上工作，应立即查明原因。

（3）对于可能送电至停电作业设备上的有关部分均要装设接地线或合上接地刀闸。在停电作业的设备上如可能产生感应电压且危及人身安全时应增设接地线。

所装的接地线与带电部分应保持规定的安全距离，并应装在作业人员可见的地方。

（4）牵引变电所全所停电时，在可能来电的各路进出线均要分别验电和装设接地线或合上接地闸刀。当部分设备停电时，若作业地点分布在电气上互不相连的几个部分时（如在以断路器或隔离开关分段的两段母线上作业），则各作业地点应分别验电接地。

（5）当验明设备确已停电要及时装设接地线。装设接地线的顺序是先接接地端，再将其另一端通过接地杆接在停电设备裸露的导电部分上（此时人体不得接触接地线）；拆除接地线时，其顺序与装设时相反。接地线须用专用的线夹，连接牢固，接触良好，严禁缠绕。

（6）每组接地线均要编号并放在固定的地点。装设接地线时要做好记录，交接班时要将接地线的数目、号码和装设地点逐一交接清楚。接地线要采用截面积不小于 25 mm^2 的带透明护套铜软绞线，同时要满足装设地点短路电流的要求，且不得有断股、散股和接头。

（7）根据作业的需要（如测量绝缘电阻等）必须拆除接地线时，经工作领导人同意，停止相关作业，可以将妨碍工作的接地线短时拆除，该作业完毕后要立即恢复。拆除和恢复接地线由值守人员进行。当进行需拆除接地线的作业时，必须设专人监护，其安全等级：作业人员不低于二级，监护人员不低于三级。

4. 标示牌和防护栅

（1）在工作票中填写的已经断开的所有断路器的隔离开关的操作手柄上，均要悬挂“有人工作，禁止合闸”的标示牌。若接触网和电线路上有人作业，牵引变电所当地操作时，要在有关断路器和隔离开关操作手柄上悬挂“有人工作，禁止合闸”的标示牌。

（2）在室外设备上作业时，在作业地点附近，带电设备与停电设备之间要有明显的区别标志。

（3）在室内设备上作业时，与作业地点相邻的设备分间上要悬挂“止步，高压危险！”的标示牌，并在检修的设备上和作业地点悬挂“有人工作”的标示牌。在禁止作业人员通行的过道或必要的处所要装设防护栅或警示带，并悬挂“止步，高压危险！”的标示牌。

（4）在部分停电作业时，当作业人员可能触及带电部分时，要装设防护栅或警示带，并悬挂“止步，高压危险！”的标示牌。装设防护栅要考虑万一发生火灾、爆炸等事故时，作业人员能迅速撤出危险区。

（5）在结束作业之前，任何人不得拆除或移动防护栅、警示带和标识牌。

5. 消除作业命令

当办完结束工作票手续后，值守人员即可向供电调度请求消除停电作业命令。供电调度员确认该作业已经结束，具备送电条件时，给予消除作业命令时间，双方记入作业记录中。同一个停电范围内有几个作业组同时作业时，对每一个作业组，值守人员必须分别向供电调度请求消除停电作业命令。只有当在停电的设备上所有的停电作业命令全部消除完毕，方可由供电调度送电，值守人员现场确认设备状态。

（二）高压设备带电作业

1. 带电作业按作业方式分为直接带电作业和间接带电作业：

（1）直接带电作业：用绝缘工具将人体与接地体隔开，使人体与带电设备的电位相同，从而直接在带电设备上作业。

（2）间接带电作业：借助绝缘工具，在带电设备上作业。

牵引变电所不应采用高压设备直接带电作业。确需高压设备间接带电作业时需经供电调度批准，并参照国家有关标准执行。

2. 命令程序：

除了值守人员有权自行倒闸的设备外，对属供电调度管辖的设备，在作业前由值守人员向供电调度申请带电作业，申请时要说明作业的地点、内容、时间、安全措施、班组和工作领导人的姓名。供电调度员审查符合条件后，发布带电作业命令。供电调度员在发布带电作业命令时，受令人要认真复诵，经确认无误后，方可给命令编号和批准时间。发令人和受令人同时填写作业命令记录，并由值守人员将其填写在工作票内。值守人员接到供电调度员发布的带电作业命令后，方可实施安全措施、办理准许作业手续。作业结束后，值守人员要向供电调度请求消除带电作业命令，由供电调度给予消除作业命令时间，双方记入作业命令记录中。

3. 安全距离：

间接带电作业时，作业人员（包括所持的非绝缘工具）与带电部分之间的距离，均不得小于表 4-3 规定。

表 4-3　间接带电作业安全距离

电压等级	安全距离
330 kV	2 200 mm
220 kV	1 800 mm
110 kV	1 000 mm
55 kV	700 mm
27.5 kV 和 35 kV	600 mm
6～10 kV	400 mm

4. 绝缘工具：

(1) 带电作业用的绝缘工具材质的电气强度不得小于3 kV/cm；其有效绝缘长度不得小于表4-4规定。

表4-4 绝缘工具有效绝缘长度

电压等级	有效绝缘长度
330 kV	3 100 mm
220 kV	2 100 mm
110 kV	1 300 mm
55 kV	1 000 mm
27.5 kV和35 kV	900 mm
6～10 kV	700 mm

(2) 绝缘工具要有合格证并进行下列试验：

①对使用中绝缘工具定期进行试验。

②绝缘工具的机、电性能发生损伤或对其怀疑时，进行相应的试验。禁止使用未经试验或试验不合格或超过试验期的绝缘工具。

(3) 使用工具前应仔细检查其是否损坏、变形、失灵，并使用2 500 V绝缘摇表或绝缘检测仪进行分段绝缘检测(电极宽2 cm，极间宽2 cm)，阻值应不低于700 MΩ。操作绝缘工具时应戴清洁、干燥的手套，并应防止绝缘工具在使用中脏污和受潮。

(4) 带电作业工具应设专人保管，登记造册，并建立每件工具的试验记录。

(5) 带电作业工具应置于通风良好、备有红外线灯泡或去湿设施的清洁干燥的专用房间存放。

（6）绝缘工具在使用中要经常保持清洁、干燥，切勿损伤。使用管材制作的绝缘工具，其管口要密封。

5. 安全规定：

（1）在进行带电作业前必须撤除有关断路器的重合闸（测量绝缘子的电压分布除外）或自投功能。在作业过程中如果有关断路器跳闸或发现设备无电时，值守人员均要立即向供电调度报告，供电调度员必须弄清情况后再决定送电。

（2）在使用绝缘硬梯作业时，除遵守使用梯子作业的有关规定外，还要注意扶梯的部位要尽量靠近地面，以保持足够的有效绝缘长度。

（三）远离带电部分的作业

1. 当作业人员与高压设备带电部分之间的距离等于或大于表 4-2 规定的最小安全距离时，允许不停电进行清扫外壳、更换整修附件、更换硅胶、整修基础、取油样，以及能保证人身安全和设备安全运行的简单作业。

2. 进行远离带电部分的作业时，必须遵守下列规定：

（1）作业人员在任何情况下与带电部分之间必须保持规定的安全距离。

（2）作业人员和监护人员的安全等级分别不低于二级和三级。

（3）在高压设备外壳上作业时，作业前要先检查设备的接地必须完好。

（四）低压设备上的作业

1. 在集中接地装置、N 线、回流线上作业时，一般应停电进行，填写第一种工作票。但对不断开回流线的作业且经确认回流线各部分连接良好时，可以带电进行。对断开作业的回流线，必须有可靠的旁路线。在回流线上带电作业时，要填写第三种工作票。严禁一人单独作业，作业人员的安全等级不低于三级。

2. 在低压设备上作业时，一般应停电进行。若必须带电作业时，作业人员要穿紧袖口的工作服，戴工作帽、手套和防护眼镜，穿绝缘靴或站在绝缘垫上工作；所用的工具必须有良好的绝缘手柄；附近其他设备的带电部分必须用绝缘板隔开。在低压设备上作业时，严禁一人单独作业。带电作业时作业人员的安全等级不得低于三级；停电作业时至少有一人的安全等级不低于二级。

（五）二次回路上的作业

1. 在确保人身安全和设备安全运行的条件下，允许有关的高压设备和二次回路不停电进行下列工作：

（1）在测量、信号、控制和保护回路上进行较简单的作业。

（2）改变继电保护装置的整定值，但不得进行该装置的调整试验，作业人员的安全等级不得低于三级。

（3）当电气设备有多重继电保护，经供电调度批准短时撤出部分保护装置时，在撤出运行的保护装置上作业。

2. 在二次回路上进行作业时，必须遵守下列规定：

（1）人员不得进入高压防护栅内，同时与带电部分之间的距离要等于或大于表 4-2 规定的数值。当作业地点附近有高压设备时，要在作业地点周围设围栅和悬挂相应的标示牌。

（2）所有互感器的二次回路均要有可靠的保护接地。

（3）直流回路不得接地或短路。

(4) 根据作业要求需进行断路器的分合闸试验时，必须经值守人员同意方准操作。试验完毕时，要报告值守人员。

3. 在带电的电压互感器和电流互感器二次回路上作业时，除按以上规定执行外，还必须遵守下列规定：

(1) 电压互感器：

注意防止发生短路或接地。作业时，作业人员要戴手套，并使用绝缘工具，必要时作业前撤除有关的继电保护。连接的临时负荷，在互感器与负荷设备之间必须有专用的刀闸和熔断器。

(2) 电流互感器：

严禁将其二次侧开路。短路其二次侧绕组时，必领使用短路片或短路线，并要连接牢固，接触良好，严禁用缠绕的方式进行短接。

作业时必须有专人监护，操作人必须使用绝缘工具并站在绝缘垫上。

4. 当用外加电源检查电压互感器的二次回路时，在加电源之前须在电压互感器的周围设围栅或警示带，围栅上要悬挂“止步，高压危险!”的标识牌，且人员要退到安全地带。

五、试验和测量安全

(一) 高压试验

1. 当进行电气设备的高压试验时，工作领导人的安全等级不得低于三级。在作业地点的周围要设围栅或警示带，围栅或警示带上悬挂“止步，高压危险!”的标示牌，并派人看守。若被试设备较长时（如电缆），在距离操作人较远的另一端还应派专人看守。因试验需要临时拆除设备引线时，在拆线前应做好标记，试验完毕恢复后要仔细检查，确认连接正确、牢固，方可投入运行。

2. 在一个电气连接部分内，同时只允许一个作业组且在一项设备上进行高压试验。必要时，在同一个连接部分内检修和试验工作可以同时进行，作业时必须遵守下列规定：

(1) 在高压试验与检修作业之间要有明显的断开点，且要根据试验电压的大小和被检修设备的电压等级保持足够的安全距离。

(2) 在断开点的检修作业侧装设接地线，高压试验侧悬挂“止步，高压危险!”的标示牌，标示牌要面向检修作业地点。

3. 试验装置的金属外壳要装设接地线，高压引线应尽量缩短，必要时用绝缘物支持牢固。试验装置的电源开关应使用有明显断开点的双极开关。试验装置的操作回路中，除电源开关外还应串联零位开关，并应有过负荷自动跳闸装置。

4. 在施加试验电压（简称“加压”）前，操作人、监护人要共同仔细检查试验装置的接线、调压器零位、仪表的起始状态和表计的倍率等，确认无误后且被试设备周围的人员均在安全地带，经工作领导人许可方准加压。

5. 加压作业要专人操作、专人监护，其安全等级为：操作人不低于二级，监护人不低于三级。加压时，操作人要穿绝缘靴或站在绝缘垫（试验周期和标准比照绝缘靴）上，操作人和监护人要呼唤应答。在整个加压过程中，全体作业人员均要精神集中，随时注意有无异常现象。

6. 未装地线的具有较大电容量的设备，应进行放电再加压，当进行直流高压试验时，每告一段落或结束时应将设备对地放电数次，并进行短路接地。放电时，操作人要使用放电棒并戴绝缘手套。被试设备上装设的接地线，只允许在加压过程中短时拆除，试验结束要立即恢复原状。

7. 巡视、检修试验高压电缆时，应严格按下列要求进行。

打开电缆井、沟盖板时，在井、沟的四周应布置好围栏，做好明显警告标志，并设置阻挡车辆误入的障碍。

进入电缆井前，应排除井内浊气。井内工作人员应戴安全帽，并做好防火、防水及防高空落物等措施，井口应有专人看守。

在同一断面内有众多电缆时，严格区分需试验的电缆与其他带电的电缆。

高压电缆试验时现场应装设封闭式的遮栏、警示带或围栏，向外悬挂“止步，高压危险!”标志牌。电缆两端不在同一地点的，另一端也必须派人看守，并保持通信畅通。

试验装置、接线应符合安全要求。试验时操作人员注意力应集中，穿绝缘靴或站在绝缘垫上。

电缆试验前后以及更换试验引线时，应对被试电缆（或试验设备）充分放电。

电缆试验结束，应在被试电缆上加装临时接地线，待电缆尾线接通后方可拆除。

8. GIS运行检修时的安全技术要求：

在打开的 SF_6 电气设备上工作的人员，应经专门的安全技术知识培训，配置和使用必要的安全防护用具。

操作、巡视、检修试验 SF_6 电气设备时，要有防止 SF_6 泄漏的安全措施，其具体要求、措施等按国家、行业的相关标准、导则执行。

高压室、电缆夹层入口处应装设 SF_6 气体含量显示器，GIS 室必须装强力通风装置，排风口应设置在室内底部。通风电机的控制开关应安装在控制室。进入时应先观察 SF_6 气体含量显示并通风 15 min；无人值守 GIS 所，应定期检查通风设施。

严禁在 SF_6 设备防爆膜附近停留。

进入 SF_6 配电装置低位区或电缆沟进行工作应先检测含氧量（不低于 18%）和 SF_6 气体含量不得超过 1 000 μL/L。

SF_6 气体发生大量泄漏等紧急情况时，人员应迅速撤出现场，开启所有排风机进行排风。

9. 试验结束时，作业人员要拆除自装的接地线、短路线，恢复三工位开关至隔离位，检查被试设备，清理作业地点。

（二）测量工作

1. 使用兆欧表测量绝缘电阻前后，必须将被测设备对地放电。放电时，作业人员要戴绝缘手套、穿绝缘靴。

2. 在有感应危险电压的线路上测量绝缘电阻时，连同将造成感应危险电压的设备一并停电后进行。

3. 使用兆欧表测量绝缘电阻前，必须将被测设备从各方面断开电源，经验明无电且确认无人作业时方可进行测量。

测量时，作业人员站的位置、仪表安设的位置及设备的接线点均要选择适当，使人员、仪表及测量导线与带电部分保持足够的安全距离。作业地点附近不得有其他人停留。测量用的导线要使用相应电压的绝缘线。

在高压设备上作业时，应派遣作业小组，其中一人安全等级不低于三级。

4. 使用钳形电流表测量电流时，其电压等级应符合要求。测量时可以不开工作票，但在测量前，须经值守人员同意，并由值守人员与作业人员共同到作业地点进行检查，必要时由值守人员做好安全措施方可作业。测量完毕要通知值守人员。在高压设备上测量时，应派遣作业小组，其中一人的安全等级不得低于三级。

5. 在高压回路上测量时，禁止用导线从钳形电流表另接表计测量。使用钳形电流表时，应注意钳形电流表的电压等级。在高压设备上测量时戴绝缘手套，穿好绝缘靴站在绝缘垫上，不得触及其他设备，以防短路或接地。观测表计时，要特别注意身体任何部位与带电部分保持足够的安全距离。

6. 测量低压熔断器（空气开关）和低压母线电流时，测量前应将低压熔断器（空气开关）和母线用绝缘材料加以包护隔离，以免引起相间短路，同时应注意不得触及其他带电部分。测量人员要戴绝缘手套。

7. 在测量高压电缆各相电流时，电缆头线间距离应在300 mm以上，且绝缘良好，测量方便者，方准进行。当电缆有一相接地时，严禁作业。

8. 钳形电流表要存放在盒内且要保持干燥，每次使用前要将手柄擦拭干净。

9. 除专门测量高压的仪表外，其余仪表均不得直接测量高压。测量用的连接电流回路的导线截面积要与被测回路的电流相适应。连接电压回路的导线截面积不得小于1.5 mm^2。

第三节　电力专业劳动安全

一、电力运行劳动安全

（一）电力设备巡视安全

1. 恶劣天气的巡视。雷雨天气巡视室外高压设备时，应穿绝缘靴，但不得靠近避雷器和避雷针。

雷雨天气，可能出现大气过电压。阴雨又使设备绝缘降低，绝缘脏污处容易发生对地闪络。雷电产生的过电压会使出线避雷器和母线避雷器放电，很大的接地电流流过接地点向周围呈半球形扩散，所产生的高电位亦是按照一定的规律降低。在该接地网引入线和接地点附近，人体步入一定的范围内，两腿之间就存在跨步电压。为防止跨步电压对运行人员造成伤害，雷雨天气巡视设备时应穿绝缘靴。

阀型避雷器放电时，若雷电流过大或不能切断工频续流可能发生爆炸。避雷针落雷时，泄雷通道周围存在扩散电压，强大的雷电磁场不仅会在周围设备上产生感应过电压，而且，假如该接地体接地电阻不合格，它还可能使地表及设备外壳和架构的电位升得很高，反过来对设备放电形成反击。所以，巡视有关设备时，值班人员与避雷装置必须保持规定的安全距离。通常，避雷、接地装置与道路或建筑物的出入口等处的水平距离应大于 3 m。

2. 高压接地时的巡视。巡视人员如发现导线断线，应设置防护物，并悬挂“止步，高压危险！”的警告牌，防止人员接近断线地点 10 m 以内。

当架空线路的一根带电导线断落在地上时，落地点与带电导线的电势相同，电流就会从导线的落地点向大地流散，于是地面上以导线落地点为中心，形成了一个电势分布区域，离落地点越远，电流越分散，地面电势也越低。在导线落地点 20 m 以外，地面电势近似等于零。地面电势变化情况如图 4-4 所示。从图中可以看出，在距落地点 10 m 内，不但地面的电势高，而且地面上两点之间的电势差也大；在 10 m 以外，地面的电势低，地面上两点之间的电势差也不大。

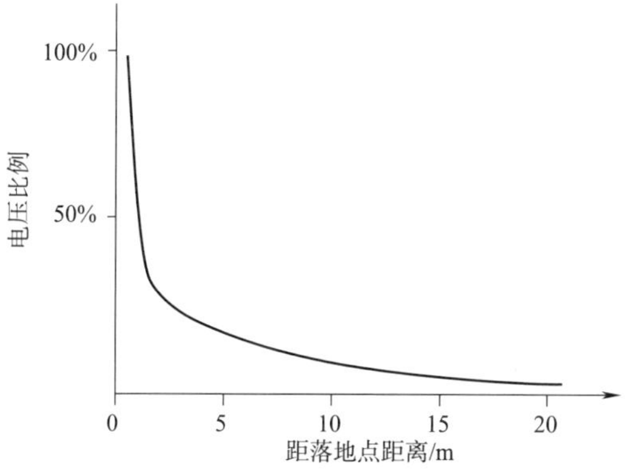

图 4-4　地面电势变化情况

3. 巡视线路时应始终认为线路上有电，有实际工作经验的电力工可单独巡视，巡视线路时要沿着线路的外侧进行，以免触及断落的导线，遇有雷雨、大风、冰雪、洪水及事故后的特殊巡视，应有两人一同进行。

4. 巡视时，为了防止人员伤害，应注意下列安全事项：

（1）各巡视小组工作人员须得到工作负责人的许可后方可开始工作。

（2）巡视小组负责人对巡视工作的安全进行全程监护，

及时纠正不安全操作，杜绝违章作业，违章指挥，违反劳动纪律现象。

（3）工作负责人在工作前向工作人员交代工作任务时，必须交代安全技术措施。

（4）所有工器具必须符合安全工作标准。安全帽、所使用的各种测量仪器等必须检验合格后方可使用。

（5）在穿越密林、草丛时，防止误踩深沟、陷阱，在可能出现毒蛇、毒蜂、野兽的地方工作时，应携带必要的防护用具及药物。

（6）现场工作人员必须戴好安全帽。

（7）巡视过程中应注意土坑、石块，防止滑跌和滚石伤人。

（8）发现导线断落地面或悬吊空中，应设法防止人员靠近断线点 10 m 以内，并迅速上报，等候处理。

（9）巡线工作应由有电力线路工作经验的人担当；新职人员不得单独一人巡线。偏僻山区、夜间巡视时必须由两人进行。暑天、大雪天，必要时由两人进行。

（10）巡线时禁止攀爬电杆和铁塔。

（11）事故巡线时始终认为线路带电，不管任何情况下亦认为线路随时有恢复送电的可能。

（二）保证人员作业安全的组织措施

1. 在运行中的高压设备上作业分为以下几类：

（1）全部停电作业，系指电力线路全部中断供电或变、配电设备进出线全部断开的作业。

（2）邻近带电作业，系指变、配电所内停电作业处所附近还有一部分高压设备未停电；停电作业线路与另一带电线路交叉跨越、平行接近，安全距离不够者；两回线以上同杆架设的线路，在一回线上停电作业，而另一回线仍带电者；在带电杆塔上刷油、除鸟巢、紧杆塔螺栓等作业。

（3）不停电的作业，系指本身不需要停电和没有偶然触及带电部分的作业。如更换绑桩、测量接地电阻、涂写杆号牌、修剪树枝、更换灯泡、检修外灯灯伞等的作业。

（4）带电作业，系指采用各种绝缘工具带电测量低压负荷电流、电压，检修或穿越低压带电线路，拆、装引入线等工作，以及在高压带电设备外壳上的工作。

按作业设备和相邻设备带电与否将作业进行分类，并根据作业类型办理不同的工作票，采取可靠的安全措施。

2. 在电力设备上工作，保证安全的组织措施为：①工作票制度（包括口头命令或电话命令）；②工作许可制度；③工作监护制度；④工作间断和转移工地制度；⑤工作结束和送电制度。

（1）工作票制度

在电力设备上工作，应遵守工作票制度，分为：停电作业工作票、带电作业工作票、倒闸作业票，以口头或电话命令时，应填入安全工作命令记录簿。安全工作命令记录簿应看作与工作票同等重要。

在下列设备上全部停电、邻近带电的作业，应签发停电工作票：

①高压变、配电设备上的作业；

②高压架空线路和高压电缆线路上的作业；

③高压发电所停电（机）检修，或两套以上有并车装置的低压发电机组，当任一机组停电作业；

④在控制屏（台）或高压室内二次接线和照明回路上工作时，需要将高压设备停电或做安全措施者；

⑤在两路电源供电的低压线路上的作业。

在下列设备上作业，应填写带电作业工作票：

①在高压线路和两路电源供电的低压线路上的带电作业；

②在控制屏（台）和二次线路上的工作，无需将高压设备停电的作业；

③在旋转的高压发电机励磁回路上，或高压电动机转子电阻回路上的工作；

④用绝缘棒和电压互感器定相，以及用钳形电流表测量高压回路的电流。

在下列设备上作业，按口头或电话命令执行：

①单一电源供电的低压线路停电作业；

②测量接地电阻、涂写杆号牌、修剪树枝、检查杆根腐朽、电杆裂纹、拉线地锚、打绑桩和杆塔基础上的工作；

③低压电缆上的作业；

④测量低压负荷电流和电压；

⑤拉、合线路高压开关，配电变压器一、二次开关，变、配电所内开关的单一操作。

工作票所列人员的条件和责任如下：

①工作票签发人：由工长、调度员、所主任、技术人员或段总工程师指定人员担任，其责任是：

a. 确认工作的必要性；

b. 采取正确、完备的安全措施；

c. 正确指派各项工作人员。

②工作领导人：由所主任、技术人员或工长担任，负责统一指挥两个以上工作组的同时作业和总的作业安全及日常的安全思想教育。

③工作执行人：由熟悉设备、工作熟练、责任心强、有一定组织能力的人员担任，其责任如下。

a. 检查现场安全措施是否完备；

b. 向工作组员正确布置工作，说明停电区段和带电设备的具体位置；

c. 监护工作组员的安全，检查工作质量，按时完成任务。

④工作监护人：由配电值班员或能独立工作、熟悉设备和有一定工作经验的人员担任，其责任如下。

a. 在现场不断监护工作人员的安全；

b. 发现危及人身安全的情况时，立即采取措施，坚决制止继续作业；

c. 一旦发生意外情况，应迅速采取正确的抢救措施。

⑤工作许可人：由配电值班员或能独立工作、熟悉设备和有一定工作经验的人员担任。在线路停电作业时，由工作执行人指定工作许可人完成有关安全措施，其责任如下。

a. 完成作业现场的停电、检电、接地封线等安全措施；

b. 检查停电设备有无突然来电的可能；

c. 向工作执行人报告允许开工时间。

⑥工作组员：由技术、安全考试合格者担任，其责任如下。

a. 明确所分担的任务，并按时完成；

b. 严格遵守纪律，执行安全措施，关心组员的安全；

c. 发现问题及时向工作执行人提出改进意见。

工作票签发人不能兼任工作执行人；工作领导人、工作执行人均不能兼任工作许可人。

工作票应用钢笔、圆珠笔填写，字迹清晰，不得涂改，并于作业前一天交给工作执行人或工作领导人。工作中如需要改变工作内容及扩大或变更工作地点时，应更换新的工作票。

工作执行人要求变更工作组员时，应取得工作票签发人同意，并在工作票内注明变更理由。

工作票的有效期间不得超过 3 天，工作间断超过 24 h 应重新填发工作票。

工作票按下列规定填发和管理：

①在发、变、配电所内作业或由发、变、配电所停电的线路上作业时，应填写工作票一式两份，其中一份发给值班员，另一份发给工作执行人（有工作领导人时，发给工作领导人）。上述以外的作业，可填一份发给工作执行人。

②一般一个工作地点或一个检修区段填发一张工作票。但如在一个发、变、配电所内全部停电或在一个站场内（由配电所依次倒闸停送电时除外）几条线路全部停电，并有两组同时工作时，可仅签发一张工作票发给工作领导人。如上述作业仅有一组工作，需要检修另一线路时，应按转移工地办理。

当一个工作执行人负责的工作尚未结束以前，禁止发给另一张工作票。

③发给工作领导人的工作票，应注明工作组数及各工作执行人的姓名。

④各工作负责人在工作前对工作票中的内容有疑问时，应向签发人询问明白，然后进行工作。

⑤工作结束后一份由值班员保存，另一份交回签发人保存3个月。

事故紧急处理可不签发工作票，但必须采取安全措施。

（2）工作许可制度

①在不经变、配电所停电的线路上作业时，由工作执行人指定工作许可人完成安全措施后方可开始工作。

②凡经变、配电所停电的作业，工作许可人（值班员）应审查工作票所列安全措施是否完备，是否符合现场条件，在完成所内停电、检电、接地封线等安全措施后还应会同工作执行人检查安全措施，以手触拭证明检修设备确无电压；对工作执行人指明带电设备的位置，接地线安装处所和注意事项。双方在工作票上签名后方可开始工作。

③工作执行人、工作许可人都不得擅自变更安全措施，值班员不得变更检修设备的运行接线方式。遇有特殊情况需要变更时，应取得工作票签发人的同意。

④停电作业的线路与其他单位的带电线路交叉跨越安全距离不够时，应同有关单位办理停电许可手续。

⑤严禁约定时间停电、送电。

（3）工作监护制度

①工作监护制度是保证人身安全和正确操作的重要措施。在作业过程中，工作监护人和工作执行人都应在现场认真监护工作组员的安全。工作组员应服从工作执行人和监护人的指挥。

②完成工作许可手续后，工作执行人（监护人）应向工

作组员交代带电部位，已采取的安全措施和其他注意事项。在下列情况下工作执行人可参加具体工作：

a. 在变、配电设备上进行全部停电作业；

b. 在变、配电设备上进行邻近带电作业，工作组员不超过 3 人，且无偶然触及带电设备可能时；

c. 架空线路停电作业的工作地点较集中，且附近又无其他电线路时。

③对工作条件复杂，有触电危险的工作，应设专职监护人。专职监护人不得兼任其他工作。

④在工作中遇有雷、雨、暴风或其他威胁工作组员安全的情况时，工作执行人或监护人应及时采取措施，必要时停止工作。

（4）工作间断和转移工地制度

①在白天，因吃饭或休息暂时中断变、配电所作业时，全部接地线可保留不动，但工作人员不宜单独留在高压室内，暂时中断电线路作业时，如工作人员已离开现场，应派人看守工地。恢复工作前，工作执行人应检查接地线等安全措施。

②使用数日有效的停电工作票，每日（次）收工时，应清理工地，开放已封闭的道路，将工作票交给值班员，但临时接地线、防护物及标示牌可保持不动，次日开工前，工作许可人必须检查工地所有安全措施，重新履行许可开工手续，方可开始工作。

③当一个工作组按照工作票在几个工作地点依次进行工作时，应按下列规定转移工地：

a. 工作人员在规定时间内只可在指定地点工作，如无工作执行人命令，不得自行转移工地；

b. 每次转移到新工地时，应履行工作许可手续，并在工作票上注明新工作地点及在安全措施栏内记入装设接地线的电杆号数；

c. 转移工地时，应在工作票上填记。

（5）工作结束和送电制度

①完工后工作组应清理工具、材料，工作执行人详细检查工作质量，工作人员全部由作业设备上撤离后，按下列程序恢复送电：

a. 线路局部停电作业，由工作执行人通知工作许可人撤除地线，摘下标示牌，然后合闸送电。

b. 干线停电作业，配电值班员接到工作执行人工作已结束的通知后，将工作执行人姓名、通知时间及方法等记入工作票和工作日志内，然后摘下标示牌，撤除接地线，方可合闸送电。多组作业时，应注意标示牌数目和结束工作的组数相符。

c. 在变、配电设备上作业时，配电值班员接到工作执行人工作已经结束，工作组人员已撤除工地的报告后，将完工的时间记录在两份工作票内，按下列次序恢复送电：

第一步，核对摘下的标示牌数和结束工作组数是否相符；

第二步，撤除临时接地线，并按登记号码核对无遗漏；

第三步，撤除临时防护物及各种标示牌；

第四步，恢复常设栅栏；

第五步，合闸送电。

送电后，工作执行人应检查设备运行情况，正常后方可离开现场。

3. 保证安全的技术措施

（1）在全部停电作业和邻近带电作业，必须完成下列安全措施：

①停电。只有将检修设备停电彻底才能进行作业。

②检电。对停电的设备进行验电，防止停电不彻底或误停电。

③接地封线。为了防止诸如有人误操作等突然来电，可以起到防护作用，对作业设备上的感应电等也能进行消除。

④悬挂标示牌及装设防护物。防止人员误操作，在停电的设备上悬挂“有人工作”“已接地”“禁止合闸”等标示牌，在邻近带电的设备上装设防护物，防止人员误入带电区。

（2）停电、检电、接地封线工作必须由二人进行（一人操作，一人监护）。操作人员应戴绝缘手套，穿绝缘鞋（靴），戴护目镜，用绝缘杆操作（机械传动的开关除外）。人体与带电体之间应保持大于规定的安全距离。

高压线路和高压带电设备在正常运行时，所带电压很高。在人体离它们较近时，高压线或高压设备所带高电压，有可能击穿它们与人体之间的空气，于是发生通过人体产生的放电现象，在电流通过人体时，造成电烧伤，甚至死亡，这就是所谓的高压电弧触电。为了避免这种触电事故的发生，电力部门规定了对不同电压等级的高压带电线路所必须保持的安全距离。高压带电设备都有明显的“高压危险，切勿靠近！”标志，人体同它们也必须保持安全距离，周围环境空气湿度较大时更应注意。

（3）停电。

①电力线路作业时，必须停电的设备如下：

a. 作业的线路，即断开发电所（车）、变、配电所向作业线路送电的断路器和隔离开关或断开作业线路各端的柱上油断路器和隔离开关或熔断器；

b. 断开有可能将低压电返送到高压侧的开关；

c. 工作人员的正常活动范围与带电设备之间的安全距离小于表 4-5 规定的距离。

表 4-5　电力线路检修时的安全距离

带电导线电压	检修的线路/m	邻近、交叉的其他线路/m
1 kV 及以下	0.2	0.2
1～10 kV	0.7	1.0
10～35 kV	1.0	2.5
35～66 kV	1.5	3.0

②在发、变、配电所内检修时，必须停电的设备如下：

a. 检修的设备；

b. 工作人员的正常活动范围与带电设备之间的距离小于安全距离的设备；

c. 带电部分在工作人员后面或两侧，且无可靠安全措施的设备。

③停电检修时，必须把各方面的电源完全断开（运用中的星形接线设备的中性线，应视为带电设备）。断开油断路器的操作电（能）源。油断路器、隔离开关的操作机构必须加锁。检查柱上油断路器“分、合”指示器。禁止在只经油断路器断开电源的设备上工作，必须拉开隔离开关，使各方

面至少有一个明显的断开点。与停电设备有关的变压器和电压互感器，还必须从低压侧断开，防止向停电设备返送电。

④对于低压停电作业，应从各方面断开电源，将配电箱加锁。没有配电箱时应取下熔断器。在多回路的设备上进行部分停电作业时，应核对停电的回路与检修的设备，严防误停电或停电不彻底。

（4）检电。

①检电工作应在停电以后进行。检电时应使用电压等级合适的检电器，并先在其他带电设备上试验，确认良好后进行。变、配电设备的检电工作，应在所有断开的线端进行。对油断路器或隔离开关应在进出线上进行。电力线路的检电应逐相进行。同杆架设的多层电力线路，应先验低压，后验高压，先验下层，后验上层。对架空线路局部作业，应在工作区段两端装接地线处进行。对低压设备的检电，除使用检电笔外，还可使用携带式电压表进行。用电压表检电时，应在各相之间及每相对地之间进行检验。

②检电器上不得装接地线。但在木杆、木梯或木架上使用特殊检电器不装地线不能显示时，可不在此限。

③表示开关设备断开的指示信号、经常接入的电压表，不能作为设备无电的依据。但如果指示有电，则未经采取安全措施，禁止在设备上工作。

④高压检电必须戴绝缘手套，并有专人监护，如在室内高压设备上检电，还需穿绝缘靴或站在绝缘台上。

（5）接地封线。

①架空线路停电作业时，经检明无电后，应立即将已接地的接地线对已停电的设备进行三相短路封线。短路封线的

安装位置如下：

a. 施工区段两端邻近断路的电杆；

b. 有可能返送电到作业线路的分歧线和有关开关；

c. 从其他方面无来电可能时，可仅在电源侧接地封线；

d. 施工场所距断路器及接地封线处较远，且联系不便时，应加挂接地封线；

e. 有感应电压反应的停电线路应加挂接地封线。

②接地线与作业设备之间不应连接开关或熔断器。对在分段母线上作业时，应将分段母线分别检电和接地封线。

③室内高压设备应在适当位置上设固定接线端子及接地线，以备停电检修时需要。接地线的数量、号码应登记注册，交接班时注意交接。在线路上装设接地线所用的接地棒（接地极）应打入地下，其深度不得少于 0.6 m。

④接地线应用多股软铜线和专用线夹固定在导线上。导线截面积应符合短路电流要求，但不得少于 25 mm^2。使用前应经过详细检查，损坏的接地线应及时修理或更换。严禁使用其他导线代替。禁止使用缠绕的方法进行接地或短路封线。

⑤在高压回路上需要拆除一部分或全部接地线进行工作时（如测定母线和电缆的绝缘电阻，检查开关触头是否同时接触），必须征得值班员的许可方可进行。工作完毕后立即恢复。

⑥装设接地线应接触良好，必须先接接地端，后接导体端。同杆架设的多层电力线路同时挂接地线时，应先挂低压后挂高压，先挂下层后挂上层。拆除接地线的顺序与此相反。在导线上装拆接地线时，应使用绝缘棒并戴绝缘手套。

⑦低压线路的停电作业，在工作地点验明无电后，将各相短路接地。

⑧停电线路与带电线路交叉跨越时，应挂接地线的地点如下：

a. 停电线路在带电线路上方交叉，不松动导线时，应在停电线路交叉挡处挂一组。

b. 停电线路在带电线路下方交叉，松动导线时，应在停电线路的交叉挡处挂一组。

c. 停电线路在带电线路的上方交叉，松动导线时，应在停电线路交叉挡内两侧，各挂接地线一组。

d. 因停电线路撤换电杆或松动导线而停电的其他线路也应挂接地线。

（6）设置标示牌及防护物。

①标示牌分为警告类、禁止类、准许类、提醒类等。严禁工作人员未经许可擅自移动或拆除临时遮栏和标示牌。

②各种标示牌悬挂场所如下：

a. 变、配电所和线路上停电作业，对一经合闸即可送电到工作地点的断路器或隔离开关的操作把手上，悬挂“禁止合闸，有人工作!”的标示牌。

b. 邻近带电作业，在室内高压设备的工作地点两旁间隔和对面间隔的遮栏上，在室外工作地点四周的围栏上和禁止通行的过道上，在架空导线断线处，以及被试验的高压设备的遮栏或围栏上，悬挂“止步，高压危险!”的标示牌。

c. 在工作地点悬挂“在此工作”的标示牌。

d. 在工作人员上下用的铁架或梯子上悬挂“从此上下!”的标示牌。

e. 在可能攀登的带电设备的架构上悬挂“禁止攀登，高压危险！”的标示牌。

f. 在开关柜内挂接地线后，应在开关柜的门上悬挂“已接地”的标示牌。

4. 变配电所的值班工作

配电值班员和值班负责人应具有一定专业知识和实际工作经验，熟悉电气设备性能和供电系统情况，掌握操作技术，并有处理事故的能力。配电值班人员每班一般不少于两人。

凡有高压设备的变配电所应具备以下安全用具：

(1) 高压绝缘拉杆、绝缘夹钳；

(2) 高压检电器和低压检电笔；

(3) 绝缘手套、绝缘靴、鞋及绝缘台、垫；

(4) 有足够数量的接地线；

(5) 各种标示牌；

(6) 各种登高作业的安全用具，如安全腰带、绝缘绳、安全帽等；

(7) 有色护目眼镜。

5. 倒闸作业

倒闸作业票应根据工作票或调度命令由操作人填写，由工长或监护人签发。每张倒闸作业票只能填写一个操作任务。

停电操作必须按照断路器、负荷侧隔离开关、母线侧隔离开关顺序操作。送电操作顺序与此相反。

倒闸作业前，应按倒闸作业票记载的倒闸顺序与模拟图核对相符，如有疑问，不得擅自更改，经向电力调度或值班长报告，查清情况后再操作。倒闸作业必须由两人进行，一人操作，一人监护，每完成一项做一记号。全部操作完毕后进行复查，并报告发令人。

操作机械传动的隔离开关和绳索传动的柱上油开关应戴绝缘手套。操作非机械传动的隔离开关、跌落式熔断器和摘挂跌落式熔断器保险管时，应使用绝缘拉杆，戴绝缘手套，雨天应使用有防水罩的绝缘拉杆。登杆作业时应戴安全帽，并系好安全腰带。

更换变压器高压侧熔丝时，应先切断低压负荷。不准带负荷拉开 100 A 及以上无消弧装置的低压开关。雷电时禁止倒闸作业和更换熔丝。

下列项目应填入倒闸作业票：

(1) 应拉合的断路器和隔离开关；

(2) 检查断路器和隔离开关位置；

(3) 检查接地线是否拆除；

(4) 装、拆接地线；

(5) 安装或拆除控制回路以及电压互感器回路的保险器；

(6) 切换保护回路和检验是否确无电压等。

下列工作可不用倒闸作业票：

(1) 事故处理的操作。操作后记入工作日志并及时上报。

(2) 拉、合线路开关或变压器一、二次开关。可根据工作票或口头命令进行。

(3) 同一台开关柜内开关的单一拉、合操作。操作可根据工作票或调度命令进行，操作后记入工作日志，并报告发令人。

倒闸作业票要有编号，依次序使用。作废的和使用过的倒闸作业票，应注明“作废”和“已执行”的字样。倒闸作业票用后保存3个月。

二、电力检修安全

（一）继电器、仪表和二次回路

1. 在运行的电流互感器二次回路上工作时，应采取下列安全措施：

（1）严禁将电流回路断开；

（2）为了可靠地将电流互感器二次线圈短路，必须使用短路片或短路线，禁止使用导线缠绕；

（3）禁止在电流互感器与短路端子之间的回路和导线上进行任何工作；

（4）工作时应有专人监护，使用绝缘工具，站在绝缘垫上，并不得将回路中的永久接点断开。

2. 在运行的电压互感器二次回路上工作时，应采取下列安全措施：

（1）严格防止短路或接地；

（2）应使用绝缘工具，戴绝缘手套，必要时在工作前停用有关继电保护装置；

（3）接临时负载时，必须装有专用的开关和熔断器；

（4）二次回路通电试验时，为防止由二次侧向一次反变压，除将二次回路断开外，还应取下一次熔断器；

（5）二次回路通电或耐压试验前，应通知值班员和有关人员，并派人看守现场，检查回路，确认无人工作后方可加压。

检查继电保护和二次回路的工作人员，未经值班员许可，不准进行任何倒闸操作。

（二）高压试验

1. 发、变、配电所进行预防性试验时，应由受试单位签发停电作业工作票，由配电值班员采取安全措施，办理许可开工手续，需要部分或全部撤除临时接地线时，应由值班员配合进行。

2. 因试验需要断开设备接头时，拆前应做好标记，接后应进行检查。

3. 高压试验必须由两人进行（一人操作，一人监护），操作人员应戴绝缘手套，穿绝缘靴或站在绝缘台上进行。

4. 大电容设备或电容器耐压试验前后应充分接地、短路放电。

（三）测量工作

1. 为测量杆塔、变压器、避雷器的接地电阻而拆装接地线时应戴绝缘手套。在接地线与接地极断开后，禁止触及接地线。

2. 测量低压线路和变压器低压侧的电压和电流时，可根据口头命令进行。测量时应注意安全距离，并防止相间短路。

3. 用摇表测量高压设备的绝缘电阻时，应由两个人进行，并从各方面断开电源，检查无电和确认设备上无人工作后方可进行，在测量前后必须将被测设备（包括电缆）对地放电，在测量中禁止任何人触及设备。

在有感应电压反映的线路上（同杆架设的双回线或与其他线路平行、交叉）测量绝缘时，必须将另一回线或平行、交叉的其他线路同时停电。

雷、雨天气，禁止测量线路绝缘。

4. 测量带电的交叉跨越线路的垂直距离时，禁止使用金属尺、测量绳。

（四）架空和电缆线路

1. 登杆作业

（1）登杆前应检查和做好下列事项：

①确认作业范围，防止误登带电杆塔。

②新立电杆回填土应夯实。

③冲刷、起土、上拔和导线、拉线松弛的电杆应采取安全措施。

④木电杆根部腐朽不得超过根径的20%以上。

⑤杆塔脚钉应完整、牢固。

⑥登杆工具、安全腰带应完好合格。

⑦使用梯子时要有人扶持和绑牢。

（2）杆上作业应遵守下列规定：

①工作人员必须系好安全腰带。作业时安全腰带应系在电杆或牢固的构架上。

②转角杆不宜从内角侧上下电杆。正在紧线时不应从紧线侧上下电杆。

③检查横担腐朽、锈蚀情况，严禁攀登腐朽、锈蚀超限的横担。

④杆上作业所用工具、材料应装在工具袋内，用绳子传递。严禁上下抛扔工具和材料。地上人员应离开作业电杆安全距离以外，杆上、地上人员均应戴安全帽。

2. 邻近带电作业

（1）在带电线路杆塔上工作，应遵守下列规定：

①在带电杆塔上刷油、除鸟巢、紧杆塔螺丝，察看金具、瓷瓶更换外灯保险和灯泡等作业人员活动范围及其所携带工具、材料，与带电导线间的最小安全距离不得小于表 4-5 的规定。

②在自动闭塞电线路上作业时，不得同时触及两条低压电源线。

③工作人员使用安全腰带，风力不大于五级，并有专人监护。

（2）停电检修线路与其他带电线路交叉时，应遵守下列规定：

①工作人员的活动范围与另一回带电线路间的最小安全距离不得小于表 4-5 的规定，否则另一回线亦应停电并接地。

②停电检修线路与另一回带电线路的距离虽大于安全距离，如果作业过程中仍有可能接近带电导线在安全距离以内时，作业导线、绞车或牵引工具必须接地。

③在交叉挡撤线、架线、调整弛度只有停电线路在带电线路下面时才能进行。但必须采取防止导线跳动、滑跑或过牵引而与带电导线接近的措施。

④停电检修线路在另一回带电线路上面，而又必须在该线路不停电的情况下进行调整弛度、更换瓷瓶等工作时，必须使检修线路导线、牵引绳索等与带电线路导线之间有足够的安全距离，并采取防止导线脱落、滑跑的后备保护措施。

⑤停电检修线路走廊或径路附近与另一回杆塔结构相同的线路平行接近时，各杆塔下面做好标志，设专人监护，以防误登杆塔。

（3）在同杆架设的多回线路上进行邻近带电作业时，应按下列规定进行：

①工作人员在作业过程中与带电导线间的最小安全距离不得小于表 4-5 的规定。

②登杆和作业时每基杆塔都应设专人监护，风力应在五级以下。严禁在杆塔上卷绑线。

③应使用绝缘绳传递工具、材料。如上层线路停电作业时，在传递过程中要有防止工具、材料构成下层导线短路的措施。

④下层线路带电，上层线路停电作业时，不准进行撤线和架线工作。

⑤当穿越带电的低压联络线对已停电的自动闭塞高压导线进行作业时，填用停电作业工作票，但在应采取措施栏内，注明穿越低压带电导线和符合低压带电作业条件的安全措施。

（4）在合架于接触网支柱上的电力线上工作时，应遵守下列规定：

①电力线路检修时，应充分利用接触网检修天窗，必要时可办理接触网停电手续；

②在接触网带电的情况下进行电力线路检修时，工作人员的活动范围与接触网之间的安全距离不小于 1 m；

③有感应电压危险时，应在电力线路作业区段两端进行接地封线。

（五）砍伐树木

1. 在线路带电情况下，砍伐靠近导线的树木时，工作负责人应向工作人员说明线路有电。工作人员不得使树木和绳索接触导线。

上树砍剪树枝时，工作人员不应攀抓脆弱和枯死的树枝，应站在坚固的树干上，系好安全带，面对线路方向，并应保持表 4-5 的安全距离。

2. 为防止树木（枝）倒落在导线上，应用绳索将被砍剪的树枝拉向与导线相反的方向。绳索应有足够的长度和强度，砍剪树枝应有专人防护，防止打伤行人。树枝接触高压带电导线时，严禁用手直接去取。

（六）低压带电作业

1. 两路电源供电的低压线路带电工作应填用带电作业工作票。低压带电作业和穿越低压带电线路的作业，工作人员必须穿紧口干燥的工作服、绝缘靴，戴工作帽和干燥整洁的线手套。低压带电作业应使用绝缘钳子。禁止使用刀子、锉刀、金属尺和铁刷子等带有金属的工具。绝缘靴每年应进行一次绝缘强度试验，绝缘强度不应低于出厂的耐压标准。

2. 低压带电作业不允许带负荷接续导线。如必须带电更换电气器具时，应先做好旁路线。在自动闭塞低压线路上，允许在不受张力的处所接续导线，但必须设可靠的旁路线。

3. 在杆上进行低压带电作业时，一般一根杆只允许一人工作。当线路不复杂，且采取了可靠的安全措施时，可以两人同时工作。

4. 登杆时应当先分清火线和地线，选好工作位置。断开导线时，应先断火线，后断地线，接续导线时，顺序相反。工作时只许接触一个导体，不许同时接触邻相导体或一相一地导线。

（七）电缆作业

1. 在靠近电缆挖沟或挖掘已设电缆，当深度挖到 0.4 m

时，只许使用铁锹。冬季作业如需烘烤冻结的土层时，烘烤处所与电缆之间的土层厚度：一般黏土不应小于 0.1 m；砂土不应小于 0.2 m。在邻近交通地点挖沟时，应设置防护。挖掘中如发现煤气、油管泄漏时，应采取堵漏措施，并严禁烟火，同时迅速报告有关部门处理。

2. 电缆的移设、撤换及接头盒的移动，一般应停电及放电后进行。如带电移动时，应先调查该电缆的历史记录，由敷设电缆有经验的人员，在专人统一指挥下平行移动，防止损伤绝缘和短路。尽量避免在寒冷季节移设电缆。

3. 高压电缆停电检修时，首先详细核对电缆回线名称和标示牌是否与工作票所写的相符，然后从各方面断开电源，在电缆封端处进行检电及设置临时接地线时，在断开电源处悬挂“禁止合闸，有人工作!”的标示牌。

4. 锯高压电缆前，必须与电缆图纸核对无误，并验明电缆无电压后，用接地的带木柄的铁钎钉入电缆芯后方可工作。扶木柄的人应戴绝缘手套，并站在绝缘垫上。

（八）厂用电气设备的作业

1. 厂内配线一般使用绝缘线。灯头线应使用软线。潮湿及危险场所（锅炉房、地沟、乙炔间、燃油库、浸漆干燥间等）应使用防潮或防爆的电器和配线。

2. 因工作需要接引临时电线时应符合下列要求：

（1）应使用绝缘层完好的绝缘线，对潮湿及危险场所应使用防潮、防火或防爆的电器和配线。

（2）接头处所应错开，接续点应焊牢，并用绝缘胶布包好。

（3）禁止在地面和通道上敷设临时线或将配线管浮搁在

地面上。架空敷设时应有足够高度。

(4) 电源容量允许，接续点牢固，并有开关和熔丝保护。

(5) 临时线一般不超过3个月，用后及时撤除。

3. 配电盘（箱）、分电盘及电气开关应尽量采用密闭式，如为非密闭式结构时，应设防护装置，配电盘（箱）、分电盘应设红色信号标志灯，附近禁止堆放物品。

4. 自动开关的保护装置应按规定进行整定，刀闸开关的熔断器应符合标准，厂内配线如使用两种以上不同电压时，所有插座均应标明电压。

5. 手持电器的电压应符合下列要求：

(1) 在一般场所不超过220 V。

(2) 在较危险及危险场所不得超过36 V。在特别危险场所不得超过12 V。

6. 禁止用自耦变压器及辅助电阻的办法取得安全电压。禁止将行灯变压器、变频器带入锅炉或其他金属容器内。橡皮绝缘线禁止和高温、潮湿及涂油的物体接触。

7. 所有手持电器应指定专人管理，每月检查一次，每3个月测量一次绝缘电阻。

8. 使用电焊机时应符合下列要求：

(1) 电焊用手把线应使用专用橡套绝缘铜芯软电缆，绝缘良好，截面适当。焊件的地线除接续良好外，应使用截面不小于6 mm^2 的多芯橡皮绝缘铜线。

(2) 电焊机的电源开关，只准由操作的电焊工开闭。

(3) 电焊机和焊接件应妥善接地。

(4) 在锅炉内或金属容器内焊接时，应穿绝缘鞋，身体不要触及焊件，在容易接触的部分应铺设木板或橡胶板以防感应电。作业时采用自然照明或行灯照明，出入容器时要切断电源。焊接过程中应设专人监护。

（5）严禁对空燃油桶和盛燃油容器进行焊接。

三、电力施工安全

1. 在有地下设施的地方进行地下施工时，开工前应与有关部门联系，查明地下设施的位置，做好防护。如发现意外设施，应采取妥善措施，并报告领导及时处理。

2. 松软土质的杆坑深度超过 1 m 时，应有防止塌陷措施。在居民区及交通道路附近挖杆坑时，应设防护设施，夜间应挂红色标志灯。

3. 施工用具、机械、绳索、地锚等应详细检查、定期试验，使用时不准超过安全荷载。

4. 立杆、撤杆开工前，应讲明施工方法及指挥信号，工作人员要明确分工，并应有专人指挥。正在立杆、撤杆时，坑内及电杆倾斜的下方不许人员停留。已经立起的电杆，只有在杆基回填土夯实后，方可撤去吊绳或拉绳。

5. 使用抱杆立杆时，主牵引绳尾绳、杆塔中心线及抱杆顶应在一条直线上，抱杆应受力均匀，两侧拉绳应拉好，不得左右倾斜。

6. 靠近及跨越铁路、公路、通航河道施工时，应与有关单位联系，在施工地段的两侧应派专人监护，并采取相应措施。

7. 撤线时应在承力及终端电杆处先用绳索将导线拉紧，剪断导线后徐徐放下。拆除旧线路时，还应注意电杆腐朽程度，严禁突然剪断导线，防止发生倒杆伤人事故。

8. 当施工电线路与其他高压设备靠近或交叉时，架线及撤线应采取防止跑线措施，必要时将邻近的高压设备停电。

9. 用爆破法施工时，应有专人指挥，爆破人员应经过专门培训。炸药和雷管，应指定专人保管，分别存放，不准与易燃品放在一起。运输时应采取防震措施。携带雷管时须将引线短路。电雷管和电池不得由一人携带。雷雨天不得携带电雷管。在强电场附近不应使用电雷管。

在汽车车辆不足的情况下，允许同车携带少量炸药（不超过 10 kg）和雷管（不超过 20 个）。携带雷管人员应坐在驾驶室内，车上炸药应有专人管理。

10. 装填炸药时，应使用木质专用工具将炸药推进炮眼，并轻轻捣实，禁止使用金属物体。雷管和导火索连接时，应用专用钳子夹雷管口，严禁触碰雷泵部分或用牙咬雷管，电雷管的接线和点火起爆，应由同一人进行。

11. 爆破时应考虑对周围建筑物、电力线、通信线等的影响。如有砸、碰可能时，应采取措施。

四、电力安全风险源控制措施

（一）感应电区段作业防止感应电伤人保护措施

1. 凡电气化区段均视为有感应电区段，凡遇雷、雨、冰雹及大风天气时，必须停止施工工作。

2. 感应电区段，作业范围小于 0.5 km 时，在作业范围两端设置接地封线，每增加 0.5 km 应增设 1 组接地封线。

3. 接地封线接地要求：接地封线接地极打入地下深度应不小于 0.6 m，接地电阻符合要求。

4. 作业人员作业处应设置一组便携式接地等位封线，要将本处导线和金属部位（横担、杆顶支持器等）等位接地，封线接地线应有绝缘保护。

5. 施工中工作人员穿戴劳保齐全。

6. 施工中应避免身体与作业区域设备金属部位和电杆、封线金属部位同时接触，也应避免身体同时接触二相导线。

7. 拆下或新安装的长距离裸导线水平展放状态应避免与肉体部分接触。

8. 作业中禁止断开作业范围内的电缆、隔离开关等，如作业范围内线路需开口，应在开口两端加装接地封线后方可作业。

（二）平行接近区段防止误登杆触电

1. 在平行接近区段的作业，必须设专职监护人，由专职监护人引导作业人员登杆，监护人不得兼任其他工作。

2. 登杆前作业人员必须确认停电作业线路名称、杆号，确认无误后方可登杆。

3. 作业人员登杆时，距离导线约 3 m 处，必须瞭望作业线路相邻电杆是否有人作业，判明所登电杆为作业线路时，方可继续登杆。

（三）防止接触平行带电线路触电

1. 平行架设的线路，应在工作人员对带电导线最小距离满足安全距离时，才能进行。

2. 涉及放线、拆除导线施工作业时，必须采取可靠的防止导线跳跃的控制措施。

3. 与跨越接触网和地方高压线路平行的区段按照防感应电作业指导书采取安全措施。

（四）在交叉跨越区段防止与交叉带电线路接触触电

1. 停电线路在带电线路上方交叉，不松动导线时，在停电线路交叉挡处挂一组接地封线。

2. 停电线路在带电线路上方交叉，松动导线时，在停电线路交叉挡内两侧各挂一组接地封线，并提前采取措施，防止导线脱落、滑跑。

3. 停电线路在带电下方交叉，松动导线时，在停电线路的交叉挡处挂一组封线，并提前采取措施，防止导线跳动。

4. 因停电线路撤换电杆或松动导线而停电的其他线路也要挂接地封线。

5. 停电检修线路与其他交叉跨越线路的距离虽大于安全距离，如果作业过程中仍有可能接近带电导线时，作业导线、绞车和牵引工具必须接地。

6. 接地封线接地要求：接地封线接地极打入地下深度应不小于0.6 m，接地电阻符合要求。

（五）同杆合架区段防止接触与带电回路电击伤

1. 在同杆塔共架的多回线路中，部分线路停电检修，应在工作人员对带电导线最小距离必须满足安全距离时，才能进行。

2. 多回路线路同杆合架时，上层线路检修施工应将下层所有回路全部停电后进行。

3. 电力线路与接触网合架，电力线路停电时：在电力线路作业区段两端设置接地封线，并用等位线将低压线路与低压横担进行短接。

4. 低压合架电力线路停电时：在停电线路作业区段两端设置接地封线。

5. 高低压合架电力线路，低压停电作业，高压不停电时，在低压停电线路作业范围两侧设置接地封线，并采取措施，防止导线跳动。

6. 高低压合架电力线路，高压停电作业时，在高、低压线路作业范围两端设置接地封线。

7. 接地封线接地极打入地下深度应不小于 0.6 m，接地电阻符合要求。

（六）可能返送电区段作业时防止返送电伤害

1. 高压停电施工时必须断开停电范围内的所有变压器低压总开关，并在变压器二次侧低压总开关装设接地封线。

2. 低压线路停电作业时，必须在可能引起返送电的低压引入线处设置接地封线。

3. 高压线路停电，使用发电机临时供电时，必须断开变压器高压熔断器、低压总开关，并在变压器二次侧和低压总开关下端装设接地封线后方可作业。

4. 对在低压开关柜、配电箱的作业，应断开各回路低压开关，且在各低压开关下端设置接地封线。

5. 接地封线接地要求：接地封线接地极打入地下深度应不小于 0.6 m，接地电阻符合要求。

第四节　典型劳动安全风险及控制

一、接触网作业人身安全风险及控制

（一）人身伤害种类

出现接触网人身安全的主要问题可以归纳为四大惯性伤害，即：电击、高空坠落、物体打击和车辆伤害。

1. 电击。电击风险包括：感应电击、压差电流电击、直接电击、泄漏电电击、跨步电压电击、电弧烧伤等。

2. 高空坠落。高空坠落风险包括：未扎好安全带、移动过程中手未抓牢、脚下滑移、受电击脱落等。

3. 物体打击。物体打击风险包括：作业工具打伤、设备受力体滑脱打伤、高空掉物（工具材料）打伤、意外打击（车上掉物、道砟弹起）打伤等。

4. 车辆伤害。车辆伤害包括轨道车、作业车以及运行中的列车撞击。

（二）人身伤害作业项目

出现人身安全问题的重要施工作业项目包括：夜间作业，事故抢修，隧道巡视、打冰等，集中修，曲线作业，站场岔区作业，同杆架设其他带电设备附近作业（如同杆架设电力线），带电作业（直接带电作业、远离带电作业），大修及大型设备基、大、改项目施工作业，在有压差处所检修作业（如绝缘关节、分段绝缘器等）。

（三）易出现人身安全事故设备处所

1. 未带止钉的平腕臂上人后抽脱。

2. 套管绞环上人后断裂。

3. 未紧固的设备肩架上人后较严重滑动。

4. 导线接头处上人后突然抽脱。

（四）预防人身安全事故具体措施

1. 严格执行“三会、两票”制度。

2. 严格把好“三关”。

3. 严格执行一线来车、两线下道。

4. 严格落实好行车防护措施。

5. 严格检查好受力工具的状态。

6. 严格卡控好绝缘工具管理。

7. 从严、从细抓好带电作业。

8. 盯死同杆架设电力线附近作业。

9. 坚决落实好三级施工负责制。

10. 坚决用好等位线。

11. 作业中要确认好设备受力方向后再开始（预选好站位、扎好安全带）。

12. 正确使用劳动保护用品（安全帽、工作服、绝缘鞋）。

13. 严格执行好一表两卡制度，做到坚持经常、良好使用。

14. 严抓惯性违章违纪，坚决根除不违章就无法干活的思想。

15. 抓好 V 形天窗上下行转场过程中的安全控制。

16. 坚决落实好夜间作业安全措施。

17. 坚决控制好事故抢修中人身安全。

18. 卡死关键人员作业中的控制（监护）。

19. 落实好干部跟班制度。

20. 抓好轨道车配合安全：

（1）车辆停稳后方可上下；

（2）严禁从线路侧上下；

（3）严禁跳上跳下；

（4）作业台上下人时，严禁操作作业台上下或左右移动、转动；

（5）从平板车上卸料时，严禁抛扔；

（6）从平板车上下车梯时，必须有 1 人组织和不少于 6 人配合。

21. 抓好站场作业现场控制：

（1）严禁翻越车辆；

（2）严禁钻车越道；

（3）严禁以车代步；

（4）严禁脱离作业组；

（5）车梯过道岔时，必须注意确认好道岔开通方向；

（6）严格盯死并确认不等位处所，如确需要进入同相电不等位处所作业时，工作领导人应与发票人或工长协商好安全措施，并冷静指挥方可行事，否则严禁作业，不同相的不等位处所绝对严格禁止进入作业。

二、牵引变电所作业人身安全风险及控制

（一）人身触电伤害风险

1. 个人因素触电

（1）风险源

①健康或状态不佳导致触电；

②技能不适合导致触电。

（2）控制措施

①严格把控岗位准入，定期组织体检并分析，控制妨碍本职工作人员入岗；

②对精神不佳、注意力不集中，明显疲劳、困乏，饮酒者限制工作；

③按照管理和作业权限对作业人员状态进行监控，不得强令其参加工作；

④定期参加安全技能方面的培训考试，经考试合格上岗，达到适应工作技能或知识，具备必要的职业技能资质。

2. 设备巡视触电

（1）风险源

①与带电部分安全距离不够导致触电；

②特殊条件导致触电，如在异常天气、自然灾害、照明条件不良、设备事故状态下巡视。

（2）控制措施

①严格按规定佩戴和使用个人防护用品和安全用具，雷雨天气不得使用金属制雨伞；

②不得触及设备外壳、雾天伸臂挥手；

③保持照明设备或用具状态良好，严格按巡视线路巡视，不得随意超出巡视范围或攀升设备或构架；

④设备事故状态下，与接地点的距离符合要求，必要时严格佩戴和使用个人防护用品和安全用具，紧急处理时，按照规定进行停电；

⑤自然灾害条件下巡视要征得许可，活动范围符合最小电气安全距离，并与相关部门保持联系。

3. 刀闸操作触电

（1）风险源

①工作票（操作卡）内容不完备导致触电；

②不按规定程序或方法操作导致触电；

③不满足安全和技术条件即进行操作导致触电；

④误拉隔离开关或误入带电间隔导致触电；

⑤操作过程中设备或引线发生异常导致触电。

（2）控制措施

①完备工作票（操作卡）内容，严格审查程序，按规定进行模拟、核对，管理人员定期检查和考核。

②完备设备接地、闭锁等安全技术措施，佩戴个人防护用品，正确使用安全用具等安全防护措施。

③遵守验电、接地、放电、核对等安全组织措施，严格按照作业票（操作卡）顺序操作，不得越项操作或擅自变更顺序；在操作过程中发生疑问，应立即停止操作，按规定程序汇报并弄清楚后操作。

④执行监护制度和标准化作业，严禁单人倒闸、换人倒闸、倒闸过程中接受另行工作。

⑤操作前认真检查设备状态，如有问题立即停止操作；加强设备日常状态检测，及时消除设备隐患；把好设备入网关口；操作过程中因设备异常产生跨步电压时，应两脚并拢，采取跳跃方式蹦离现场，防止跨步电压伤害。

4. 运行维护、检修试验触电

（1）风险源

①工作负责人（监护人）失职，作业成员误入、误登、误碰带点设备；

②工器具选择或使用不当导致触电；

③搬运或移动长大物件导致触电；

④停电作业时，安全措施不完备、办理程序或方法错误，接地保护线未按规定设立，储能电气设备或电缆不充分放电导致触电。

（2）控制措施

①完备作业组织程序，履行开收工规定；明确告知危险

处所，进行安全技术交底并保证作业人员清楚、无疑问；严格履行工作许可、监护、间断、转移、终结制度，必要时增设监护人员，防止作业人员擅自扩大作业范围；作业负责人、监护人佩戴臂章，做好警示。

②作业人员宜用绝缘或采取绝缘包扎措施的工具，必要时站在绝缘垫或绝缘台面作业，有条件情况下在作业区域与带电区域进行有效隔离，限制工作区域并悬挂标示牌。

③搬运长大物件应放倒搬运，并与带电部分保持足够的安全距离；在带电区域内或邻近带电设备处，不使用金属梯子作业。

④停电作业时，按规定正确装设地线，防止感应电触电；特殊情况下及时设立临时保护接地线，防止感应电触电；充分对储能电气设备（电感、电容型）充分放电并保护接地；充分对长大电缆进行放电接地等；按规定佩戴个人防护用品和安全用具。

（二）高处作业伤害风险

1. 登梯作业坠落伤害

（1）风险源

①梯子不合格导致高空坠落；

②梯子使用场所不适宜导致高空坠落；

③梯子放置不稳或上下登梯工作中防护措施不当导致高空坠落。

（2）控制措施

①使用前及时检查梯子状态，及时修复；定期检查梯子状态，把好采购或接收关口，保证梯子质量；安装防滑装置良好，不宜绑接、垫高使用，人字梯应具有坚固的铰链或限

制开度的拉链，拉链应完全张开。

②移动式梯子宜于高度在 4 m 以下的短时间内可完成的工作场合使用，不宜在基础不稳固且无法采取措施加以稳固的场所使用，在不宜使用梯子的作业场所应采取作业平台或搭设脚手架等进行作业。

③梯子放置应稳固，与地面夹角为 60°左右，升梯闭锁牢靠并绑扎好升降绳；靠在软母线上的梯子应有挂钩或用绳索固定在支撑物体上；上下梯子应穿工作鞋（软底鞋），脚踩稳、手抓牢，面部向内逐梯攀登，不得手持工具器材，且有专人扶梯；在梯子上工作，应备工具袋，一人一梯短时间工作，不得移动梯子，工作人员必须在距梯顶不少于两档的梯蹬上工作；梯子不准放在门窗前使用，必须时应采取防止门窗突然开启措施；在通道使用梯子应设监护人或临时围栏。

2. 洞口坠落伤害

（1）风险源

变配电所油井等井口（坑）盖板不良，造成踏空坠落；变配电所电缆沟、排水沟掀开未恢复导致踏空坠落。

（2）控制措施

生产区域内的油井、化粪（排污）井、深坑、深沟道必须覆盖，盖板状态良好。在检修作业过程中，需打开（取下）盖板时，必须设置临时围栏并设置警示。临时打挖的深坑、深孔、深洞等应设临时围栏，施工结束后，必须做好安保措施。

3. 临边作业坠落伤害

（1）风险源

变配电所阀组室、高压室楼顶临边作业导致高处滑跌坠落。

（2）控制措施

临边作业人员应穿作业鞋，临边周围有积雪、结冰（霜）或油污时，应及时清除，并采取防滑措施，作业完毕应清理现场，清除油污。按规定使用个人防护用品及安全用具。

4. 攀登作业坠落伤害

（1）风险源

攀登变配电所门形架、所内供电线铁塔、牵引变压器并作业导致高处坠落等。

（2）控制措施

攀登作业前，应观察高空作业构件状态及周围有无外物侵入或动物侵入，如杆塔状态、是否湿滑、是否脚档短缺、是否有蜂窝等。登攀时应按现定佩戴防护或安全用品，高处作业人员应衣着灵便，穿软底鞋。使用脚钉攀登门形杆塔，从一侧上，另一侧下时，应检查脚钉，不得采用任何下滑方式。攀登角钢铁塔时，作业人员应手抓铁塔主材，当在辅材上作业时，应采用双重保护；工作人员在转移工作位置时，不得失去保护。

（三）物体打击伤害风险

1. 高处作业现场

（1）风险源

高空落物伤人。

（2）控制措施

正确佩戴安全帽；严禁从作业处所下穿行；工作点下方应设置围栏，严禁无关人员进入；检修人员使用工具袋，用绳索传递工具和物件，并绑扎牢固，不得抛掷。

2. 电气操作

(1) 风险源

①操作隔离开关过程中，瓷柱折伤掉落伤人。如瓷柱病态、操作过猛、安装刀闸错位或扭劲等。

②安全用具或工具掉落、折断伤人，如多段绝缘杆折断、地线钩脱落、绝缘罩脱落等。

(2) 控制措施

①操作前，认真检查设备状态，严重状态不良应立即停止操作，工作人员要选好位置，站在隔离开关出线侧。定期检查设备状态，及时更换严重状态不良瓷柱。操作时，操作人要用力适当，工作人员要正确使用安全用具和防护用品。

②操作前，要正确检查安全用具状态，保证其状态良好；操作时，握杆位置要适当，防止地线杆摆动。

(四) 火灾爆炸伤害风险

(1) 风险源

电气设备爆炸、二次回路短路引起火灾伤人。

(2) 控制措施

①定期检修试验设备，保证正常运行；加强巡视，消除隐患；备好消防设置或器材，并定期检验。设备一旦爆炸，首先断开电源，隔离火源，并采取措施阻止初始火灾；及时汇报并请求救援。日常进行消防培训、演练，做到“四懂四会”，安装报警系统并做好日常管理。

②变压器着火如果在变压器油箱上部燃烧，由于油枕的油压作用而向外流油，则应将变压器下部油阀打开放油，将

油放至低于着火处，同时向油箱下部未着火部分浇水，使油冷却。使用泡沫灭火器灭火，迫不得已时可用石棉灰或沙子灭火。严禁用水灭火，并注意油流方向，以防止油浮于水面流动，使火灾扩大。油断路器着火，应设法使着火断路器与其他设备隔离，然后用泡沫灭火器灭火。

第五章　机辆系统职工作业安全

第一节　电力机车乘务员作业安全

一、人身安全一般规定

1. 出乘前必须充分休息，确保运行中精力充沛。值乘凌晨1时至5时出发的列车必须到待班室休息；夜间值乘列车的乘务员，出乘前休息时间不少于4 h。

2. 严禁在带电的接触网下攀登机车车辆顶部，禁止用水管冲洗机车。机车在区间因故必须攀登上车顶作业时，应向供电调度员请求停电并挂好接地线后方可进行。

3. 严格执行隔离开关安全操作的规定：一人操作，一人监护；操作人要戴安全帽和绝缘手套，穿绝缘靴。对隔离开关手柄、绝缘备品和接地线要定期进行检查，确保安全。

4. 严禁飞乘、扒车代步，严禁在轨道上坐卧休息，不准在处于动态中的机车车辆上调整车钩位、摘结风管。

5. 动车前，必须确认车组人员齐全，车上、车下无其他人员作业，先鸣笛，后动车。在站线上检查机车时，要密切注意邻线来往的机车车辆，严防被邻线运行的机车车辆碰轧。

二、作业安全有关规定

1. 接受机车时应该确认电器仪表和器具的外罩、机车轴承接地装置状态是否良好，受电弓是否降落，电压表即使在零位也要确认。

2. 学习司机进行走廊巡视，要呼唤，司机同意后方可进行。

3. 电力机车乘务员和检修人员应熟知机车高压导线通过的地方和在高压下工作的用电设备、测量仪器和其他器械。

4. 禁止在带电的情况下接触高压室导线和各种用电设备的导电部分。

5. 凡电力机车、车辆停在接触网下时，在未与供电调度员取得联系停电并挂好接地线前，无论任何原因以及接触网有电与否，绝对禁止任何人登上车顶；在有接触网分段隔离开关的机车整备场所及检查线上，当隔离开关断开并挂好接地线后，才可以登上车顶。

6. 电力机车升起受电弓后，机车主回路及辅助回路均带有高压电。因此，机车乘务员在机车升弓前后应特别注意安全，防止触电。

当电力机车升起受电弓前，司机应告知学习司机、跟车添乘人员及检修机车的有关人员，并确认：

（1）各机器孔盖已盖好，可卸护板已装上。

（2）在高压室内没有人和其他物件。

（3）从修理过的电器、电机和器械上已取下所有为检修而临时装用的连接线或夹具。

（4）电机、电器和仪表已做好启动和开始工作的准备。

（5）高压室门及车顶门已关闭。

（6）人员都处在安全地点，升起受电弓不会危及人身安全。

确认上述各项后，司机大声宣布升受电弓，发出规定的音响信号（鸣笛一长声），按规定的方法和作业程序升起受电弓。

升弓后机车有电，禁止从事以下各项工作：

（1）进入高压室和变压器室。

（2）开启防护高压用的护板、外罩以及电机整流子孔盖。

（3）开启或整修各种高压电气设备或器具。

（4）攀登车顶检修受电弓或清扫车顶。

（5）检修车体下面的电器设备、机械装置和通风装置。

乘务人员应保持机车高压室门上、可卸壁板和高压仪表箱上书写的“受电弓升起，不得开启”等警告文字的整洁、完好，并不得以其他物件遮盖，以便随时提醒机车乘务员在运行中不得开启上述门、箱，防止乘务人员触电。

7. 受电弓升起后，允许进行以下各项工作：

（1）调整电压电位器。

（2）开启压力调节器外罩进行调整，调整安全阀。

（3）擦拭门窗玻璃。

（4）检查基础制动搁置、更换闸瓦。

（5）更换司机室及走廊的照明灯泡。

（6）向齿轮箱、抱轴承、制动传动装置注油。

（7）更换机车上的低压熔断器。

（8）检查试验和调整电力机车与电气设备无关的机械装

置和风动力装置。

8. 当电力机车在段外，停在有接触网的线路上，须进行检查和修理牵引电机、辅助电机和器械时，必须做好以下各项工作：

（1）断开主断路器，降落受电弓。

（2）取下换向手柄和开关盘钥匙，由进行工作的人员携带。

（3）电力机车单独停留时，应拧紧人力制动机。

（4）当辅助电机完全不转时才能进入高压室，高压室门应敞开，不得关闭。

9. 在机车上部作业时，应站稳、抓牢、防止滑跌。

10. 乘务员在机车上或靠机车工作时，须处于安全牢固的地点，禁止站在不牢固或可能变动位置与状态的物体上进行工作。停车时，严禁在车下或轨道中心休息，不得侵入邻线。

11. 机车运行中，禁止不戴防护眼镜由门窗向外部探头瞭望，或在双线区间中途交会列车时，头部探出司机室门窗以外。在运行中，禁止站在前后渡板及脚踏板上进行任何工作。

12. 运行中进行走廊巡视时，不得在走廊内吸烟或将火种带入走廊，严禁接触带电部件，发现辅助机组故障，及时要求司机断电，防止事故扩大。

13. 机车或列车停车后，乘务员从事检查、修理或给油工作时，须注意下列各项：

（1）车不停稳不得进行检查、修理或给油。

（2）机车停在坡道上，必须对机车和车辆施行制动并拧紧人力制动机（必要时打好止轮器）后，方能进行检查、修理或给油。

（3）在检查、修理或给油时，禁止将使用的工具等物放在机车的活动部件上、牵引电机整流子孔盖内部；严禁将金属工具放置在蓄电池跨线上。

（4）如在区间内停车，于下车前特别是夜间，必须先将停车地点照明，确认下车无危险时，方能下车；严禁从未铺渡板和无安全栏的桥梁上乘降；如停在较高路堤时，应注意防止跌落。

（5）夜间检修机车时，必须有能够保证工作处所亮度的正常照明，严禁在黑暗中从事机车检修。

14. 书面行车凭证必须停车接受。

15. 调车作业中，没有信号不准动车，信号不清立即停车。

16. 严禁机车车辆未完全停稳前，进行摘钩工作；摘钩时应执行“一关前、二关后、三摘风管、四提钩”的措施。

17. 机车在入库移动时必须做好施行空气制动的准备工作，随时可以停车。

18. 机车在库内停稳后，要拧紧人力制动机或垫上止轮器，以防机车自动溜走。

19. 禁止乘务员及工作人员持有和使用私用的机车电气开关上的手柄和钥匙，并禁止使用铁钩、铁片等代用的钥匙。

20. 乘务员应保持机车必备的绝缘防护用品（如绝缘手套、绝缘垫等）状态良好，并放在固定地点。安全用品均应按规定定期试验，禁止超期使用。

21. 当使用兆欧表测定电力机车的电路、电机和器械的绝缘时，除了机械部分和制动部分的工作外，其他各项工作均应停止。

22. 凡许可触及的电器仪表和器具外罩，必须可靠接地。

23. 禁止在电力机车的车顶、走板、工作台等的边缘放置工具和零件，以免坠落。

24. 禁止从电力机车及车辆的车顶上和转向架上，向下抛掷工具和其他物品。

25. 处理带压力部件的漏泄时，必须首先遮断压力来源并放出剩余压力，方能进行。

26. 禁止用手锤或其他物件敲打的办法开关止阀或塞门，并严禁用手锤、扁铲代替扳手紧固部件。

27. 在吹扫制动软管时，应用手把住软管端头，以防其甩动打人。

28. 机车出入检修库时，要确认车库大门是否开好、车库门开关的卡子或挂钩是否挂牢，严禁一切工作人员处于机车的车顶上及脚蹬、前后渡板、脚踏上。

三、隔离开关

（一）隔离开关操作

1. 隔离开关操作人员要求

（1）所有隔离开关的操纵人员及安全监护人必须经过供电段专门培训，并经考试合格，持有隔离开关操作合格证后，方准操纵隔离开关。严禁无证人员操作隔离开关，操作人员应按标准操作程序进行。

（2）隔离开关操作前，操作人必须戴好安全帽，穿戴好规定的绝缘靴和绝缘手套，确认开关及其传动装置正常，接地线良好，方准按程序操作。

（3）隔离开关开合作业时，必须有两人在场，一人操作、一人监护。

2. 隔离开关、接地杆钥匙保管使用规定

（1）隔离开关定位时就处于合闸状态，无论在开、合位均应加锁，钥匙由安全监护人严加保管，放在固定地点。

（2）每台隔离开关的钥匙要注明开关号码，相邻支柱及同一支柱上的各台隔离开关的钥匙不得相互通用，以免错用钥匙，错开隔离开关，危及人身及行车安全。

（二）隔离开关操作程序

1. 手动隔离开关（自动故障）的操作程序

（1）当自动隔离开关故障时，必须实施自动隔离开关装置手动操作。

（2）监护员和操作员各一把钥匙打开电动机构（钥匙各自保管）。

（3）操作员关闭电机的空气开关，持手摇柄对电机进行分合闸，顺时针摇动为合闸，逆时针摇动为分闸。

（4）持手摇柄对电机进行分合闸时，必须将电机摇动到位（至手摇柄不能转动为止）。

2. 电动隔离开关的操作程序

（1）将已预先制作好的批复卡发放到对应的隔离开关监护人员。

（2）隔离开关监护员点击卡片操作，将操作卡放到读卡器上，点击按钮，弹出登录框。由隔离开关操作人员输入姓名和密码，进入卡片制作界面。

（3）隔离开关监护员将批复卡放到读卡器上，在批复卡制作框内输入批复号（批复卡号为监护人员的工号，不足4位时，前面加0）。点击批复卡制作按钮，读卡器蜂鸣同时提示框显示卡片制作成功（监护人员交班时，下一班次监护人员需制作操作卡和登顶卡，操作方法为：点击卡片操作按钮，弹出登录框，输入姓名和密码，进入卡片制作界面）。

（4）隔离开关监护员在股道号对话框内选择要制作的股道号。在批复号对话框内输入监护员的批复号。点击操作卡制作按钮，读卡器蜂鸣同时提示框显示卡片制作成功。

（5）将登顶卡放到读卡器上，在人数对话框内选择要登顶的人数。在股道对话框内选择要登顶的股道。点击登顶卡制作按钮，读卡器蜂鸣，同时弹出“请放下张卡片”的提示对话框。

（6）机车到达后，隔离开关操作人员向监护员索取操作卡。监护员同意后给操作人员申请股道的操作卡。操作人员到上位机处点击股道操作按键。

（7）隔离开关操作员将操作卡放置在读卡器后，点击相应的股道按钮。在弹出的对话框内顺序输入机车号和操作人员工号。按钮变红后，提示框内显示“申请成功请到操作台操作”。

（8）车顶检测员（操作员）、保养人员到监护员处登记并索取登顶卡，监护员、操作员、保养人员（包含其他上车顶人员）带上卡到操作台操作。

3. 隔离开关操作台具体操作流程

（1）分闸操作：操作人员和监护人员各一把钥匙打开操作台门。

(2) 操作员观察操作台的操作状态为“预备”状态时，方可进行分闸操作。

(3) 操作员按下若干次“下翻”键，直到显示“分闸”菜单，按确认键，进入分闸刷卡界面，实施操作卡刷卡作业。

(4) 操作员刷卡成功后，进入分闸输入界面，然后按照分闸输入界面的提示，依次输入操作卡号、股道号、机车1号、机车2号，并按确认键，如果无机车2号，则在机车2号输入框内直接按确认键，输入完成，并且机器确认成功后，进入监护员刷卡界面。

(5) 监护员实施批复卡刷卡作业，刷卡成功后，进入批复输入界面，然后按照批复输入界面的提示，输入批复卡号，并按确认键，输入完成，并且机器确认成功后，进入手动分闸界面。

(6) 操作人员在预定时间内，按下“分闸”主按钮半秒以上，驱动机构开始分闸操作，分闸到位后，进入分闸完成提示界面，提示隔离开关操作员和监护员瞭望隔离开关，操作台从预备状态进入分闸状态。

(7) 操作员和监护人员确认分闸无误后，按下“确认”键，进入分闸状态主界面。

(8) 完成分闸后，机车司机、隔离开关操作员和隔离开关监护员共同进行升弓验电，经确认无电后，隔离开关操作员进行加挂接地线和安置防护红牌。

(三) 车顶检查作业

1. 当电力机车回段后，进入整备线作业人员需单独上车顶工作时，由工作人员向安全监护员申请办理隔离开关手续，注明请求停电时间，在安全监护员监督下停电后，由安全监护员将天窗钥匙交给工作者。

2. 车顶检查：

（1）应知所检查机车所停留整备线的股道号码。

（2）上车检查前，必须经两人确认隔离开关手柄处于断开位并到位，电网确实断电、加锁，确认使用的隔离开关及电力机车所停的股道相符。

（3）确认接地线与电网接触及接地良好，所挂股道与被检机车停留股道相符。

（4）上车顶检查前，必须掌握隔离开关钥匙和天窗钥匙并随身携带。

（5）机车必须施行制动，防止溜车。

（6）作业者必须在Ⅰ、Ⅱ端司机室操纵台挂好禁动牌，将电钥匙随身携带。

（7）以上安全注意事项完毕后，方准打开天窗上车顶进行作业。作业完毕后，确认车顶无人，方准下车顶将天窗锁上。开关钥匙和天窗钥匙交安全监护员并办理通电手续。

（8）凡遇雷暴雨时禁止上车顶。

四、电力机车在本段、折返段的作业安全

1. 电力机车进出机务段或折返段时，必须在规定地点停车，鸣笛要道。待扳道员显示信号后方可动车，在段内动车时，需值班员同意，由调车员引导动车。

2. 机车进入段内停车时，应降下受电弓，断开主断路器，将位置转换开关置于制动位。

3. 机车入库使用引入库机组拖动机车入库，禁止降弓滑行。

4. 机车入库检修中，辅助回路接入高压电源时，禁止在高压系统内工作。

5. 机车检修完毕，司机应全面检查机车并确认所有装置良好，鸣示升弓信号后，方可升弓进行高压试验。

6. 电力机车整备线及检查线上的接触网应设有分段隔离开关。当电力机车进行整备作业或检查时，司机应在隔离开关操作登记簿上登记后，由值班员监督操作隔离开关加锁，钥匙交值班员保管，在司机挂好接地线后，方可登车顶进行检查或检修，并严禁再次向该线路放入机车。

7. 机车车顶整备完毕，应确认车顶状态良好，并取得同时进行的另一台机车工作的司机同意后，方可撤除接地线，在值班员的监督下闭合隔离开关，并加锁。

8. 在机车下部整修牵引电机整流子时，应遵守下列要求：

（1）被整修机车被另一机车拖动时，走行速度应在 3 km/h 以下。

（2）使用带有绝缘手柄的打磨工具。

（3）把整修电机的隔离开关拉开，并垫上反向器各触头。

五、电力机车在本段、折返段外的作业安全

1. 当电力机车于本段外停留在接触网下，须对牵引电机、电器进行检查或检修时，必须做好下列各项工作：

（1）断开主断路器，降下受电弓。

（2）取下司机台开关钥匙、反向手柄，并交给进行检查或检修的人员。

（3）进入高压室工作时，高压室门不得关闭。

2. 电力机车升弓前，司机应告知学习司机及登乘机车有关人员，并确认各机械上孔盖已盖好，高压室、变压器室无人和其他物品，对检修过的设备复查并确认状态良好，人员都处于安全地点，之后鸣示音响信号一长声，方可升弓。

3. 升、降弓的操纵及故障处理：

（1）升弓开始时，动作要快；接近接触网导线时，动作要缓慢，以减少受电弓升起时对接触网导线的冲击力。

（2）降弓时，受电弓离开接触网导线的动作要快，避免出现拉弧现象；接近落到车顶时，动作要缓慢，以减少受电弓对车顶的冲击力。

（3）发现受电弓故障，如闭合升弓扳钮后，受电弓升不起，或升起后不能保持或降不下来，需攀车顶处理时，必须断开段内整备线上的隔离开关并加锁，使接触网停电后进行。在段外其他线路上攀登车顶时，除申请接触网停电外，还要挂好接地线，防止接触网意外来电。

4. 为确保行车安全，只有经考试合格并取得司机驾驶证的司机才能独立驾驶电力机车，操纵学习司机必须在司机监督下才能练习操纵。

5. 电力机车运行中，乘务组应做到：

（1）认真贯彻执行十六字呼唤应答制度的规定，即彻底瞭望，确认信号，准确呼唤，手比眼看。

（2）认真贯彻执行防止人身伤亡的“三十字”令，即人命重泰山、时刻把住关、瞭望不间断、鸣笛勤呼唤、撂闸不犹豫、停车要果断。

（3）防止列车事故的发生。

6. 电力机车在运行中关闭、锁闭司机室侧门的要求：电力机车起动运行时，应关闭操纵端司机室侧门，但不得锁闭。关闭侧门是为了防止机车高速侧向通过道岔曲线、小半径曲线时，因机车剧烈摆动而使站在司机室门口的人员坠车；不锁闭司机室侧门是为了便于司机与车站值班员、运转车长联系工作，以及遇到紧急情况时能迅速打开车门。

非操纵端司机室侧门应锁闭，防止闲杂人员登乘机车，危及安全。

7. 电力机车通过分相绝缘时，乘务员操纵机车应遵守下列规定：

（1）严禁升起双弓，防止两个受电弓之间造成不同相位的电流短路。

（2）按断电标、合电标标示地点，早断开、晚闭合主断路器，防止两相电流短路，引起接触网跳闸，防止电弧烧伤分相绝缘。

（3）断开主断路器前，应使调压开关退回零位，关闭各辅助机组后，再断开断路器。严禁在高级位断开主断路器。

（4）在长大上坡道通过分相绝缘器时，为保持一定的安全运行速度，避免机车停在无电区内，不应退级过早，可适当缩短分段退级的间隔时间，并允许调压开关在低级位断开主断路器。

（5）电力机车通过分相绝缘器无电区后，可用制动调速手柄快速进级到适当级位，保持一定的牵引力，然后再逐级进级，提高列车速度。

（6）电力机车断电通过分相绝缘时，电阻制动力消失，必须使用空气制动配合。在此以前，司机应注意充风，使总风缸和列车主管保持规定的压力。下坡道使用时，应先用空气制动，然后退回电阻制动；通过无电区后，先用电阻制动，再缓解列车，以保证安全。

8. 遇接触网停电，列车被迫停在陡长坡道上时，处置方法如下：

（1）遇接触网停电（瞬间跳闸除外），列车应立即制动停车，并鸣笛一长声、三短声，通知运转车长，表示列车在区间被迫停车后不能继续运行。此时，机车乘务员应立即拧紧机车上全部人力制动机，将机车备有的止轮器放置在下坡道一端的机车轮对下面，采取防溜措施。

（2）机车乘务员利用无线列调电话直接或通过车站值班员向列车调度员报告，了解停电原因，预计停电时间。如停电时间较长，邻近站上又无内燃机车担当救援，要求列车在区间停留等待时，为防止制动主管内压缩空气泄漏后，列车制动能力减弱而溜逸，司机应鸣笛三短声，要求列车乘务组（含旅客列车的列车员）拧紧人力制动机。根据坡道的大小，拧紧一定数量的平车、罐车上的人力制动机。如平、罐车数量不足时，也可拧紧敞车上手闸。

（3）接触网恢复供电后，司机应将列车制动系统充风至规定压力后，再减压 100 kPa，使列车制动，然后鸣笛两短声缓解信号，全体乘务员（含旅客列车的列车员）应立即松开全部人力制动机，撤除全部止轮器。司机根据运转车长信号试风后开车。

9. 带电的接触网下检修牵引电机、辅助电机和器械时，应采取下列安全措施：

（1）断开主断路器，降下受电弓，切断外部高压电源。

（2）取下司机台开关板钥匙、换向手柄，并交给检修作业人员，防止其他人员动车，危及检修人员安全。

（3）单机停在有坡道的线路上进行检修作业时，应拧紧机车人力制动机，以防止机车溜逸。

（4）进入高压室工作时，不得关闭高压室门，以防止发生意外时难以抢救。

六、火灾预防及火灾救援作业安全

（一）防止电力机车发生火灾

1. 对临时断开的电气设备导线端头，应包上绝缘并捆好挂起，防止与其他电气设备或机车设备的接地部分接触。对机车上临时敷设的电线，应使用适当的电缆并捆扎好，不得与车体相摩擦或直接接触。

2. 司机室、高压室、变压器室应保持清洁，无油垢、杂物，及时消除各部漏油现象。严禁在司机室电炉上和空气压缩机上烘烤棉丝或放置其他易燃物品。

3. 禁止使用装有易燃液体（煤油、汽油）的手提灯；定期检查蓄电池，消除漏电、接线松动等问题。检查蓄电池时，禁止使用蜡烛等明火作光源。

4. 电力机车上灭火器具应按规定配备齐全，安放在固定地点，定期检查，保证作用良好，使用后及时更换。

5. 电力机车在运行中要关闭车门，防止外界火源飞入车内。学习司机要按规定巡视和向后瞭望，发现火情应及时扑灭。

（二）电力机车发生火灾应急处置

1. 当电力机车发生火灾时，立即将调速手柄置于零位，断开主断路器，降下受电弓，拉开蓄电池闸刀，切断外部电源，尽可能停留在便于救火和旅客下车的安全地点，不应停在桥隧内或易燃易爆品仓库附近，防止烧坏铁路设施，引起车辆和货物着火，扩大事故损失。如火情较小，着火的前后车辆又未装易燃、易爆和贵重物品或列车已接近车站时，可慢行至站内停车，便于在站内灭火。

2. 鸣示警报信号通知运转车长，向列车调度员、供电调度员报告，必要时（如机后车辆装载易燃货物和贵重物品）应摘开机车，防止火势蔓延，引起车辆和货物着火，扩大损失。

3. 如停在坡道上，应拧紧人力制动机，放置止轮器，采取各种防溜措施，防止机车车辆溜逸。

4. 机车内高压电气设备着火时，只能使用四氯化碳灭火器或干沙灭火。若是木制器械着火，在确认与电源无关的情况下，才可以使用水或泡沫灭火器灭火。扑灭火灾后应及时通风，以防窒息。

七、预防接触网烧损

1. 附挂两台及以上电力机车运行时，第三辆及后部机车不得升弓运行。遇降弓手信号或接触网异常等情况须降弓时，本务机车司机应在断主断路器、降弓的同时，立即通知（鸣示途中降弓信号）后部机车司机降弓，后部司机得到降弓指令后，须立即断电降弓并回示。确认升弓手信号后，通知后部机车司机升起受电弓。

2. 电力机车停留、等待时，不准关闭劈相机（辅助逆变器）与空气压缩机。

3. 电力机车连挂车辆后需换室操纵时，在未升弓、未泵风或总风缸未达到规定压力前，不准将自阀移置充风位。

4. 电力机车受电弓在绝缘子、绝缘锚段下和电力机车在禁停区，不准升弓和停车。

5. 电力机车运行中自动降弓或网压为零，必须立即降弓，迅速确认弓网状态，在不影响接触网安全的情况下，选择适当地点停车。不准在未判明原因、车顶未做绝缘检测前升弓。

6. 电力机车运行中发现总风缸、列车管压力急剧下降时，应密切监视总风缸压力和控制风缸压力，保证受电弓供风压力，当总风缸、控制风缸压力不足 500 kPa 时，不准盲目升弓运行并随时做好降弓准备。

7. 电力机车在检修作业中或处理风路系统故障时必须降弓，不准升弓。

8. 电力机车在高压试验时，不准带负载进行零压保护和升、降弓试验。

9. 电力机车在 LKJ 检测作业时，应将受电弓降下，如果因检测需要升弓，必须有司机监护配合，不准在风泵关闭受电弓升弓的状态下进行 LKJ 排风试验。

八、车顶绝缘状态确认

1. 升弓前必须确认感应网压（途中降弓运行除外）。

2. 发生弓网故障或车顶高压设备故障，按程序在对故障检查处理后，必须使用车顶绝缘检测装置进行检测。

3. 途中发生接触网跳闸、停电或机车网压为零停车检查处理后，必须使用车顶绝缘检测装置进行检测。

4. 车顶高压设备缠绕异物，在清除异物或采取高压隔离相应端受电弓后，必须使用车顶绝缘检测装置进行检测。

5. 库内停留机车在首次升弓前，必须使用车顶绝缘检测装置进行检测。

6. 对电力机车车顶进行检修、检测后的机车在转入有电区前，必须使用车顶绝缘检测装置进行检测。

注：如机车无车顶绝缘检测装置或装置故障，遇上述第2～6点情况时，必须认真确认感应网压。

九、弓网故障处理作业安全

（一）故障处理作业程序

电力机车发生弓网故障时，应立即断电、降弓并采取非常停车措施，保持全列车制动状态，按以下作业程序处理。

1. 检查汇报

（1）司机亲自察看受电弓及接触网损坏情况，并及时向车站值班员或列车调度员汇报现场情况及停车地点。

（2）经检查确认接触网已损坏，不能继续运行时，按规定使用列车无线调度通话设备通知车站值班员（列车调度员）等有关人员，认真做好列车防溜、防护措施。

（3）供电人员到场后共同确认弓、网损坏状况，并做好记录。

2. 申请停电

需请求停电时，必须由司机亲自向车站值班员（列车调度员）办理停电手续，并校对时钟；车站值班员在接到司机的停电请求时，应立即向列车调度员汇报，办理停电手续，司机在未得到列车调度员的接触网停电命令及未挂好接地线防护的情况下，严禁上车顶处理；接到停电命令后才能升弓验电，挂好接地线后，方可上车顶处理。

3. 确认命令

司机得到列车调度员接触网停电的调度命令后，必须确认命令号、车站值班员、调度员姓名、停电时间、要求完成时间、接地位置、作业内容等。

4. 升弓验电

确认命令无误，核对停电时刻后，方可升弓确认网压表无显示及零压保护动作进行验电。

5. 挂接地线

确认接触网已停电，挂好接地（先将接地线绑在钢轨上再挂接地）。

6. 登顶作业

（1）断开故障受电弓隔离闸刀或拆除导电杆编织线、关闭风路塞门，并确认可靠切除。

（2）必要时用铁丝牢固绑扎故障受电弓防超高（从机车顶部向上测量不得高于 800 mm）。

（3）接触网已经损坏，必须修复才能继续运行时，由司机使用列车无线调度通信设备向列车调度员汇报，按列车调度员命令办理。

7. 车顶确认

清理散落在车顶弓网部件。确认车顶无任何异物和人员，司机最后下车顶，并锁闭天窗盖加锁。

8. 处理完毕后开车

（1）如接触网无损坏，受电弓已处理完毕，先撤除接地线，由司机向车站值班员（列车调度员）请求送电，按规定继续运行。

（2）遇供电段人员到现场抢修接触网时，司机必须在接到抢修人员关于接触网已修复可以送电的通知后，方可请求送电。

（3）接触网恢复供电后，升弓使空压机泵风，进行全列车制动机简略试验后，撤除防护、防溜，按规定开车。

（4）经检查确认不能继续运行时，应立即请求救援，并按有关规定办理。

（二）安全注意事项

1. 司机应对停车、联系、请求停电、送电的时间必须做好记录。

2. 发现牵引供电设备及其部件损坏，或发现牵引供电设备上挂有线头、绳索、塑料布或脱落搭接等异物，均不得与之接触，应立即通知附近车站，在牵引供电设备检修人员到达未采取措施前，任何人员均应距已断线或异物处所 10 m 以外。

3. 在分相绝缘器处对未停电段必须保持安全距离。

4. 电气化区段在处理机车顶部故障，必须做到“先停电、后验电接地，先防护、后处理”的作业规定。严禁擅自盲目登上机车顶部处理、处置各类故障和突发事件。

5. 不准在六级以上大风、浓雾、冬季结霜时进行登顶作业。

6. 雷电时（在作业地点可见闪电或可闻雷声时），禁止登顶作业；禁止靠近接触网钢柱、接地线。

7. 机车乘务员在处理过程中要注意邻线来往车辆，车顶作业时应佩戴安全带。

8. 机车受电弓刮坏后配件丢失时，应尽量找回受电弓配件，寻找受电弓配件时，注意邻线列车，保证自身安全。

第二节　动车组司机作业安全

一、动车组运行

1. 动车组为固定编组，运用状态下不得解编；两列同型动车组可重联运行。两列动车组重联时各升一架受电弓运行，应采用前后车均升前弓或前后车均升后弓的方式，禁止采用前车升后弓、后车升前弓的方式。单列动车组升双弓或两列动车组重联时各升一架受电弓运行，工作受电弓间距为200～215 m。

2. 遇有暴风雨雪天气或地震，工务、电务、供电等设备管理单位应加强对重点地段和设备的检查。检查时，检查人员在天窗时间外不得进入路肩和桥面范围内，必要时应封锁或限速，并设好防护后再检查。发现影响行车安全时，须及时通知列车调度员限速运行或封锁线路。

封锁线路后，列车调度员须得到相关专业调度台和车站检查无异常的报告后，方可开通线路。需限速运行时，应及时发布限速运行的调度命令，设置列控限速。

行车等相关人员发现危及行车安全时，应立即通知司机停车；通知不到时，立即报告列车调度员，列车调度员立即通知司机停车，报告相关专业调度台和值班主任。

3. 接触网跳闸。当接触网跳闸重合失败后强送电成功，原因不明时（判明系亭所原因除外），供电调度员应向列车调度员提出限速请求，本线后续首列列车限速 160 km/h，限速位置按故障标定装置指示地点前后各 1 km 确定。列车调度员立即向本线后续首列列车发布限速调度命令，并通知本线及邻线后续首列司机注意运行。司机应注意观察接触网设备状态，并报告列车调度员，本线列车司机发现异常立即停车。本线列车司机汇报无异常，后续列车按正常速度运行。

4. 动车组运行中更换受电弓。动车组列车在运行途中，因不明原因需要更换受电弓运行时，司机应减速至200 km/h以下更换，并向列车调度员汇报情况及故障地点。列车调度员立即向本线后续首列列车发布限速160 km/h调度命令，限速位置按司机汇报故障地点前后各加1 km确定，并通知本线及邻线后续首列司机注意运行。司机应注意观察接触网设备状态，并报告列车调度员，本线列车司机发现异常立即停车。本线列车司机汇报无异常，后续列车按正常速度运行。

二、动车组受电弓

（一）启动受电弓应急处置程序的情况

动车组运行途中发生如下情形时，须启动受电弓的应急处置程序：

1. 动车组运行途中突发自动降弓或自动换弓。

2. 动车组占用端司机室接触网压表在非分相区时显示为零。

3. 动车组占用端司机室接触网压表显示网压异常波动，并伴有动车组高压牵引系统频报故障。

4. 发现受电弓上缠绕异物。

5. 接触网发生故障、动车组司乘人员接到上级命令须检查受电弓。

（二）受电弓故障应急处置

1. 动车组司机立即停车，停车后保持制动状态，将停车地点、故障现象等情况汇报列车调度员，向列车调度员请求确认接触网是否停电或有其他异常情况，并通知随车机械师到司机室，共同查看监控屏显示的设备状态及故障代码，判断故障原因。

2. 若故障原因为接触网停电、网压超高（超低）、接触网损坏或其他供电设备故障时，按有关接触网设备故障处理的规定执行；若非接触网方面故障，且从监控屏上显示的故障代码可判定为与弓网受流并不相关时（如主断路器故障，变压器两次侧、三次侧故障，升弓控制电气回路故障等），司乘人员则按照故障手册中的规定进行处理，随车机械师无须下车检查受电弓状态。

3. 若受电弓故障与弓网受流方面相关、在车内不能判明故障原因（含接触网不明原因重合闸成功）时，随车机械师向司机提出下车检查申请，司机向列车调度员汇报并办理邻线限速手续。在得到邻线列车限速的信息后，司机方可通知随车机械师下车检查。

4. 随车机械师原则上从列车运行前方左侧（列车非交会侧）、在故障受电弓所在车厢手动开门下车，察看受电弓及接触网情况。车门由列车长派员值守，配合随车机械师乘降列车以及防止旅客下车。

5. 下车检查后不同情况的处置措施：

（1）随车机械师下车后，观察故障受电弓周围接触网的状况，并检查动车组受电弓技术状态。如接触网未发现异常，随车机械师通知司机尝试升起故障受电弓（主断路器不得闭合），无论受电弓是否升起，均应目视或使用望远镜检查受电弓状态。对长编、重联动车组，当随车机械师发现一端受电弓故障时，应检查确认另一端使用受电弓的技术状态（配备两名随车机械师的动车组应同时下车，分别检查）。

（2）当司机接到列车调度员反映动车组通过后牵引变电所跳闸且车载系统显示网测过流故障或变压器一次侧故障时，随车机械师下车进行受电弓升弓检查，在受电弓检查、接触网供电均正常的情况下，可通知司机闭合主断路器。在升弓后或主断路器闭合后，如随车机械师在车下观察到弓网之间、受电弓、高压连接线与车顶之间有异常放电、拉弧现象，随车机械师须隔离短路、放电区域所属的动车组牵引供电单元。司机切除该牵引供电单元中的受电弓后重新升弓，并向列车调度员申请按切除部分牵引供电单元后允许的速度继续运行，列车调度员根据现场报告情况决定是否运行至终点站，或在前方站换乘旅客。

（3）发生以下情况，随车机械师通知司机切除故障受电弓，换弓后列车按正常速度一次运行到终点站。同时，司机向列车调度员提出申请，列车调度员按照申请组织列车运行。

①受电弓可正常升降或升弓后又自动降弓，外观检查无明显异常。

②受电弓可以升降，弓头、支架等外观可见部分存在轻微破损、变形、移位现象，降弓后受损部件未侵入接触网或高压器件 300 mm 以内的范围。

③受电弓不能升起，但可确认为受电弓供风软管断裂、脱开。

④受电弓不能升起，受电弓外观可见部分无受损、放电、拉弧痕迹，受电弓周边无异物。

（4）发生以下情况时，随车机械师通知司机切除故障受电弓，换弓限速 160 km/h 运行至最近的前方车站停车。同时，司机向列车调度员提出申请，列车调度员按照申请组织列车运行。

①受电弓不能升起，受电弓发生破损、变形、移位，但无部件折断、散落，受损部件未侵入接触网或高压器件 300 mm 以内的范围。

②受电不能升起，受电弓有受损痕迹，但受损部件不详。

如前方站为非终点站且为高站台时，随车机械师在停站后使用望远镜、旅客进站扶梯、人字梯、凳子或其他手段进行进一步检查确认。如确认受电弓破损轻微，外观整体正常或不影响行车安全时，随车机械师通知司机换弓后以正常速度一次运行至终点站。若受电弓破损但无严重变形、零部件折断和侵限情况，随车机械师应通知司机限速运行至终点站。

（5）发现以下情况时，随车机械师检查必须登顶进行处理，处理结束后通知司机切除故障受电弓，换弓限速一次运行到终点站。同时，司机向列车调度员提出申请，列车调度员按照申请组织列车运行。

①接触网线折断（熔断），垂挂在车顶或与受电弓缠绕。

②受电弓上挂有异物，影响受电弓动作或受流。

③受电弓被击打翻身。

④受电弓严重变形，或存在部件散落、折断等情况，如弓头扭曲、上下臂变形松动、下导杆裂损、碳滑板折断等。

⑤受电弓降弓状态下，受损部件侵入接触网或高压器件

300 mm 以内的范围。

若在夜晚或雷雨天气，随车机械师、司机应按规定办理停电、限速手续后（极端雷暴雨天气应办理邻线停电），由两名随车机械师（未配备两名随车机械师的由随车机械师和本务司机）共同登顶进行作业，其中一名随车机械师（或司机）负责配合和监护。

（6）信息传递：

①凡发生受电弓受损的情形，司机应立即报告列车调度员，列车调度员应立即报告值班主任（副主任）、供电调度员、动车调度员，供电调度员应立即通知相关供电段（维管段）检查相关线路。同时，列车调度员应在运行终点站安排热备动车组担当故障动车组后续交路，替换下的故障动车组下线返回动车所进行处理。

②动车组在运行途中因不明原因需要更换受电弓运行时，或接触网强送电成功，组织动车组逐列升弓的过程中，若动车组需要更换受电弓，司机均应报告列车调度员并由列车调度员转告供电调度员。

三、动车组登顶检查作业

1. 请求停电

司机向列车调度员申请办理停电手续，并核对时间；列车调度员在接到司机的停电请求时，应及时办理停电手续。在等待断电命令期间，列车长指派列车工作人员配合随车机械师从相应备品柜取出劳动防护用品、绝缘杆、接地线，摆放到故障受电弓所在的车厢侧门边，并由配合列车工作人员负责看护。

2. 核对命令

司机得到列车调度员接触网停电的调度命令后，必须和随车机械师共同确认命令号、调度员姓名、停电时间、要求完成时间、作业内容等。司机在随车机械师乘务日志上签字，随车机械师在“动车组技术状态交接簿”内签字。

3. 确认断电和防溜

确认停电命令无误、得到调度“已断电”通知后，司机升起无故障受电弓验电，并与随车机械师共同确认接触网网压表网压为零。动车组在车站或区间无动力停留时，司机和随车机械师须做好防溜措施。随车机械师在占用端司机室操作手柄上挂好“禁动”红牌。

4. 挂绝缘杆

随车机械师在故障受电弓车厢下车，穿戴好安全帽、绝缘手套、绝缘鞋等防护用品，并在距离故障受电弓最近的两侧接触网支柱位置挂接绝缘杆。挂接时，先将绝缘杆接地线与车体下方的钢轨连接，再将绝缘杆挂在接触网支柱斜腕臂上。在挂绝缘杆时，不得脚踩钢轨；如钢轨生锈，必须除去锈斑后方可将接地线与钢轨连接，以确保接地效果良好。

5. 安全监护

登顶作业、挂绝缘杆作业、接地绝缘杆的挂接状态须设置专人进行安全监护。配备一名随车机械师的动车组为列车长指派的列车工作人员负责，配备两名随车机械师的动车组为未登顶的随车机械师负责。特殊情况下两名随车机械师均需登顶时，由列车长指定工作人员负责。

6. 登顶处理

登顶后，登顶人员将安全带固定在牢固位置后方可进行检查。随车机械师发现受电弓损坏，具备条件时，应在处理前对故障部位进行拍照。受电弓需要捆绑处理时，须用铁丝、麻绳、尼龙扎带绑扎故障受电弓上、下臂、附属活动部件及故障部件（如上、下臂折断或松动，应将上、下臂与车体间进行捆扎固定），必要时可拆除受损部件。绑扎完毕，随车机械师必须用手在上、下臂处用力抬动，确保绑扎牢固，同时清理散落在车顶的弓网部件。在确认车顶无任何异物后，登顶人员方可下车顶。

7. 撤除防护、防溜

车顶受电弓检查处理完毕后，随车机械师先撤除绝缘杆，再断开接地线与钢轨的连接。设置车下止轮器防溜的由随车机械师负责撤除，司机进行确认。防护和防溜措施撤除后，随车机械师取下操作手柄上的“禁动”红牌，由司机向列车调度员请求送电。等待供电期间，列车工作人员配合随车机械师将防护用品和绝缘工具归位。

8. 恢复供电

受电弓故障处理结束后，司机将处理情况报告列车调度员，列车调度员通知供电调度员，供电调度员撤除重合闸功能后送电并通知列车调度员，列车调度员通知司机升弓。接到列车调度员通知后，司机切除故障受电弓，升起无故障受电弓，按规定进行相应试验后限速运行至终点站。

第三节　动车组机械师作业安全

一、随车机械师安全作业要求

1. 出库前，按照作业标准检查确认电气、消防设备状态，做好联检交接。

2. 着装整洁，标志明显，作业到位，程序不漏。

3. 穿越线路、平过道时，必须严格执行“一停、二看、三通过”的规定。沿铁路线行走时，严禁行走钢轨、道心或轨枕头；遇列车通过，应在离轨枕头外侧 3 m 以上的安全地点避让。严禁在线路中间停留。

4. 在线路上作业时，要加强日常安全预想和预防工作，做到同进同出，相互照应，随时注意车站及列检值班员对讲机预报内容，及时掌握列车运行情况。

5. 严禁在作业过程（尤其线路作业）中使用手机等通信工具。

6. 途中作业应严格执行乘务作业标准及其相关作业安全规定，严禁从列车通过的邻线一侧下车进行任何检查作业。途中处理行车设备故障时，应按照有关应急处理的规定执行，切实加强安全防护，确保人身安全。

7. 动车组运行途中值乘时，严禁打开边门、活动窗探身瞭望及将头、手伸出窗外；严格遵守电气作业安全规定，严禁带电检修或测量电气设备。

8. 动车组运行中途停车处理故障时，机械师与动车组操作司机做好呼唤应答，配合司机做好安全防护工作，并随时瞭望邻线来车；邻线有列车通过时，须到安全地方回避，并抓稳手把；在接触网带电区域严禁攀登车顶；遵守电气作业安全规定，严禁带电检修或测量电气设备；安装过渡车钩时须戴手套，防止机械碰伤。

9. 在运行中，按规定巡视、检查车辆电气、火灾自动报警控制器等设备，发现隐患故障及时妥善处置。

10. 按规定操作动车组设备，指导客运人员正确使用设备，制止、纠正违章行为。

11. 进入 300～350 km/h 客运专线区段，动车组列车在区间或站内正线被迫停车后，需下车检查或应急处理时，随车机械师及客运乘务组人员须向司机提出要求并听从其指挥，司机必须向列车调度员（车站值班员）报告。需下车检查或处理时，根据列车调度员发布邻线列车限速 160 km/h 及以下的调度命令，限速位置按停车列车位置前后各 1 km 确定。司机在接到列车调度员已发布相关调度命令的口头指示后，方准通知有关作业人员办理，相关人员未经司机同意，严禁下车。

二、地勤机械师安全作业要求

1. 检修或存放动车组时，必须采取有效的防溜措施。作业人员在维修作业期间应遵守适用的作业指导书及各种安全规定；必须始终穿着带有橡胶鞋底的绝缘鞋，并穿戴所从事工作要求的防护服和其他与人身安全相关的设施等。

2. 上车顶检修时，必须在接触网断电的区域进行，严格遵守门禁制度。

3. 在车下进行走行部的检修作业时（地沟内），必须在动车组降弓、接地杆挂妥后进行。

4. 在进行动车组检修作业前，必须按规定插设安全防护号志；作业完必须确认本组作业人员全部离开作业车辆后，方准撤除防护。插撤防护号志要正确传递信号，不得隔位或用对讲机进行传递。严禁无防护号志检修作业。

5. 检修库、临修库配备接触网“有电”“无电”等安全警示用语，工作人员必须遵照安全警示用语的提示，按作业流程的规定进行作业。

6. 在检查、检修转向架、制动系统、受电弓、脚蹬、前罩开闭机构和自动车钩等由压缩空气供给能量的系统时，要小心因空气压力变化而可能引起的意外移动，避免人身和设备伤害；必须在所作业现场设置防护号志；释放压缩空气时不得将空气喷口朝向人体，注意释放累积的气压需要一段时间。

7. 更换压缩空气系统气源设备时，必须注意排空系统压缩空气，使其各个部件的压力与外部大气相同。

8. 在更换弹簧和其他压缩件时，应使用专用工具卸载弹簧、压缩件的能量，确保弹簧、压缩件的能量受到控制。

9. 在对旋转件和其他可运动件，如电机、风机、节流阀等进行检修工作时，需始终确保其不受他人控制或由于其他原因而运动。

10. 提升 25 kg 及以上的组件或部件定义为重物提升。重物提升时，应充分考虑提升的对象、方法、设备及作业场所等要素，严格遵守提升重型部件的操作规定。

11. 用于齿轮、压缩机等的油及润滑剂、胶和密封剂，都可能具有腐蚀性或引起皮肤或肺部刺激，必须注意确保这些部件的检修工作环境通风良好，并保护好各部皮肤和眼睛。

12. 蓄电池箱可能含有爆炸性气体，在蓄电池附近须防止爆炸伤害，禁止明火。

13. 电机、齿轮、车轮、制动部件、冷却剂和冷却油在运行期间温度较高，在这些部件附近工作时，须注意防止烫伤。

14. 应注意尖锐角边可能造成绊倒、挤伤事故以及皮肤割伤。

15. 检修作业时，不能将手指放入闸瓦与制动盘之间，以及夹钳杠杆的活动机构中，防止夹伤。

16. 车辆临修作业（如更换轮对、更换钢弹簧、更换转向架等）必须服从统一指挥，严格按操作规程操作机械设备，合理使用工装、工具。

17. 严禁无证操作空压机、隔离开关等重要设备。

18. 各种机械、电器检修设备，不准超负荷和带病运转。机械运转时，操作人员不准离岗。

19. 未安装触电保护器不准使用各种电动机械、设备、工具。

20. 电器设备、电线路的安装或变更，必须由专业人员操作，严禁私拉乱接。

21. 各种起重作业必须由专人指挥。未确认现场人员处于安全位置，不准作业。

第四节　车辆检车员作业安全

车辆检车员在电气化铁路区段进行车辆检车作业，必须了解和掌握电气化铁路的基本安全知识，并且严格遵守电气化铁路区段车辆检车员作业要求。

1. 车辆检车员进行货物状态检查时，禁止在未停电接地的情况下爬到车顶或车边察看，如发现篷布掀翻或绳索脱落，禁止随意掀翻复原绳索或上抛绳索，应及时通知车站货检人员进行处理。

2. 严禁在电气化区段内爬高作业。车辆检车员在作业过程中发现人力制动机拧紧等故障时，应及时通知车站人员处理。

在电气化区段内，严禁擅自爬到人力制动机的踏板上自行处理。

3. 处理故障的车辆距接触网不足 2 m 时，必须将车辆移至无接触网的线路上或按规定停电、接地后方准作业。

4. 在接触网未停电、接地时，任何人不得爬至罐车及冷藏车顶部，开闭罐车、冷藏车的注口（盖）或进行其他作业。

5. 各类油罐车在电气化铁路区段发生泄漏时，严禁人员上去处理，须将其牵引到非电气化区段处理。

6. 接触网的停电、验电、接地等作业必须由接触网所属单位的专业人员进行，其他人员严禁进行停电、验电、接地等操作及相关作业。

7. 在电气化铁路上安装的红外线轴温探测、车号识别、车辆运行安全动态检测装置等设备时，必须安设符合要求的接地保护并与设备可靠连接。

8. 严禁在接触网带电的情况下使用竹竿等物件测量接触网与建筑物、构筑物及车辆等各种设备的距离。手持木杆、梯子等工具在接触网下通过时，不得高举，必须使其保持水平状态。

9. 军特运押乘、沿线处理故障车人员不得攀登车顶；不得在车外使用铁钎、长杆疏通烟囱、调整通风口、测量高度等。

10. 在电气化铁路沿线进行紧急救援需更换轮对作业时，

必须按规定停电、接地，或把故障车辆调入无电气化区段才能进行，严禁吊车的吊臂在有电的接触网下伸臂转动。作业时要设专人进行防护，汽车吊臂或各种作业工具必须严格控制在安全高度以下。

11. 电力机车（单机）邻线通过时声音很轻，检车作业中，要互相提醒和加强防护。

第六章　车务系统职工作业安全

第一节　行车作业安全

一、列车运行作业安全

1. 对开往电气化区段的列车，各衔接电气化区段的编组站、区段站或中间始发站，车站应组织有关人员按规定预检列车装载情况，对押运人员及回送机车、冷藏车乘务员等宣传安全注童事项。电气化区段车辆的押运员，应按《铁路货物运输规程》规定发给“押运人须知”通知书。对不符合通过电气化铁路规定的人员和物件，应及时处理。

2. 机务段调度员对附挂回送通过电气化区段的机车乘务员，在出乘前要讲明安全注意事项。

3. 电力、内燃机车共同担当列车的区段，在接发列车、车机联控以及有关站、段在机车出入库时，要加强联系，在原车次用语或通知出入库机车的号码（担当车次）前，必须增“电力”用语。

4. 电力机车牵引列车时严禁：

（1）三台及其以上机车升弓重联运行。

（2）机车不按规定断主断路器过分相。

（3）机车升双弓运行。

（4）在绝缘锚段关节处停车。

5. 电力机车在运行中发现接触网设备故障危及行车安全或受电弓损坏时，必须立即停车，并汇报车站值班员（列车调度员），经处理后方可运行。

6. 双线电气化区段发生断杆、断线影响邻线列车运行时，应拦停邻线列车。

二、接发列车作业安全

1. 车站接发列车人员立岗接发列车时，要特别注意检查从非气化区段开来的列车上有无人员扒乘，发现有人应设法让其下车，以免列车进入电气化铁路后发生触电伤亡事故。

2. 遇天气不良或雷雨天气时，接发列车应提前出务，站在距接触网支柱较远处。必须横越线路时，应远离接触网支柱并严格执行“一站、二看、三通过”的作业制度。

3. 列车进出站时，接发列车人员要认真监视列车运行状态，如发现车辆上部篷布、绳索松脱，罐车顶盖打开及敞车装载的货物与接触网有接近危险时，严禁攀爬车顶，不得接触和盲目处理，应立即报告车站值班员，要求调度停电处理或调往无电区进行整装。

4. 在对停留车辆进行防溜时，如遇两端为敞车、棚车、冷藏车等类型的车辆，应使用人力制动机紧固器和铁鞋进行防溜，禁止使用人力制动机防溜。

5. 对停站上水的客运列车，要提醒上水员、列车员不得用水管冲刷车厢；上水时要先插水管、后打开阀门，上水完毕要先关闭阀门，然后拔掉水管，水管口不得朝向接触网及带电部分。

三、调车作业安全

（一）调车作业基本规定

1. 登乘内燃、电力机车作业时，必须在机车停稳后再上下车（设有便于上下车脚蹬的调车机车除外）。

2. 在带电的接触网线路上调车，在接触网高度为6.2 m及其以上的线路上使用敞车类人力制动机时，不准踏在高于人力制动机踏板的车帮、车梯或货物上。接触网高度在6.2 m以下的线路上禁止使用敞车类人力制动机。

3. 作业前检查溜放线路上方接触网导线上是否挂有线头、绳索等。如带电的接触网导线上挂有异物，危机作业人员安全时，应立即停止该线路的溜放作业，并通知接触网工区派人处理，严禁碰触悬挂物件。

4. 电气化区段调车作业时，应站在车梯中部，作业人员身体各部位及所持信号和其他物体，必须与接触网带电部分保持2 m以上安全距离，禁止登上棚车、家畜车或冷藏车使用人力制动机及进行其他作业。

5. 进入有装卸车、接触网支柱、无遮雨棚支柱及高柱信号机的线路，不得探身过远，以防刮伤。货物堆码距离不符合规定、堆码不牢、调车人员通过的处所有易滑撒落物时，不准进入该处所作业。

6. 从无电区进行到带电的接触网线路上进行调车作业时，调车长呼叫“进入有电区作业，注意安全”，连结（制动）员应答：“××明白，站立位置……”。

7. 调车作业人员不得直接或间接地与接触网各导线部件及电力机车的电力设备接触。

（二）使用电力机车调车的规定

1. 调车计划应注明“有电”“无电”字样。调车人员须确认隔离开关开闭状态后方准作业，避免将电带入无电线路。

2. 在接触网终点附近作业时，应与接触网终点标保持不少于10 m的安全距离停车。

第二节　客、货运作业安全

一、客运作业安全

1. 旅客列车所有乘务人员不得攀登车顶；不得在车外使用铁钎、长杆等疏通烟囱或调整通风口。

2. 在接触网线路上给机车、车辆上水时，必须先接水管，后开阀门；拔下水管前必须先关闭阀门。

3. 在电气化区段，发现车顶有人时应立即停车，提醒其上方有高压电，采取俯卧式慢慢爬下以免触电。必要时，迅速与列车长、司机和车站联系，请求区间停电，在确认该区间停电并采取接地措施后，方可进行处理。

4. 遇雷雨天气，严禁在接触网下使用金属制伞。

二、货运作业安全

（一）装卸作业安全

1. 装卸作业基本规定

（1）作业人员须经电气化安全知识培训，考试合格后上岗。

（2）装卸工组通过电气化铁路道口或进入带电接触网区

域时，所携带的长型工具（如铁锹、撬棍、推拉杆等）一律保持水平状态，驾驶室外禁止坐（站）人。

（3）在带电的接触网下，作业人员不得在敞车、平车、罐车等车辆（棚车、冷藏车、家畜车、双层运输汽车专用车内除外）上进行装卸作业；不得向上投抛篷布绳索（网）、加固材料和工索具；不得采取用竹竿、量尺等物测量货物装载高度、宽度等靠近接触网的作业方式。

（4）在接触网停电进行装卸货物时，应在指定线路两端安全作业标之间的安全区域内进行。作业前，应先断开该线路上方接触网的隔离开关。如该线路上停有电力机车，应先通知司机转线或降下受电弓，再操作隔离开关，严禁带负荷操作隔离开关。确认或验明接触网确已停电并挂好接地线后，方可开始装卸作业。作业结束时，必须确认所有人员和机具均已离开危险区域后方准向接触网送电。

（5）作业人员、机具（旋转、伸缩功能的机械设备，其最大活动范围）、货物与接触网等牵引供电设备高压带电部分须保持 2 m 以上距离，与回流线、架空地线、保护线须保持 1 m 以上距离。距离不足时，作业前须将牵引供电设备停电。装卸机具、货物不得碰触接触网的任何部位和支柱。

（6）起重机械、抓（扒）料机、挖掘机不得在带电的接触网下装卸作业。在邻近带电接触网附近区域作业前，机械底盘应采取接地保护措施。

（7）必须在装卸货物线的分段绝缘器内侧 2 m 处埋设符合规定标准的安全作业标志。在标志外或非指定的接触网线路上，不得登上车顶作业。

（8）装载超限的货物与接触网带电部分距离原则上不得

小于350 mm，小于350 mm时，应加盖绝缘软盖板或停电运输。加覆盖绝缘软盖板时，距接触网不得小于100 mm；停电运输时，距接触网不得小于50 mm。未经批准，装载货物不得超限。油罐车、冷藏车等车辆的人孔盖，装卸完毕后必须盖好，拧紧螺栓；装载原木、成材等货物必须捆绑好，顶部铁丝严禁翘起。因装载加固不良需要整理时，必须将车辆送到无接触网的线路上进行，如不得不在电气化铁路区段进行时，必须在接触网停电接地后方准作业。

(9) 各类罐车在电气化铁路区段发生泄漏时，任何人不得登上车顶处理，应速将其牵引到非电气化铁路区段处理。如情况紧急必须在电气化铁路区段处理时，要立即通知供电调度，在接触网停电、接地后方可处理。

2. 接触网下不停电装卸车

以下情况可在接触网下不停电装卸车：

(1) 下开门风动石碴车装运的道砟时。

(2) 重型轨道车、轨道平车装运的钢轨、轨枕、片石，使用不长于0.8 m的短撬棍站在车上人工卸车时。

(3) 使用起重轨道平车装卸路料，起重轨道平车已采取限位措施，限位高度不超过机车车辆的上部限界，距轨面4.8 m时。

在接触网不停电的条件下进行装卸车时，作业人员及工具与接触网的带电体需保持2 m以上的距离，并派人监护，必要时应在车上安装安全防护网。

3. 需接触网停电装卸车规定

(1) 以非电力机车牵引列车到区间装卸车时，在列车进入装卸车的区间前，接触网必须先停电。

(2) 以电力机车牵引时，列车到达装卸车地点停妥后，由装卸车负责人指示电力机车司机降弓后，报告列车调度员转报供电调度员发布停电命令。装卸车负责人接到列车调度员停电命令后，由供电部门在装卸车地点的两端进行验电并挂接地线，确认接触网确已停电后，装卸车负责人方可指挥装卸车。装卸车完毕后，装卸车负责人应检查车门关闭、清道良好、人员已全部离开危险区并得到接触网接地线已拆除的报告后，方可向列车调度员报告，由列车调度员转报供电调度员发布送电命令，待接触网恢复供电后，经装卸车负责人确认运行条件具备后通知司机升弓开车。

4. 装卸车安全注意事项

(1) 禁止电力机车推进车辆边走边卸。固定使用补机的区段，遇列车需在区间边走边卸时，补机应挂于本务机车前位担任本务机车工作。

(2) 列车进入区间装卸车前，列车调度员应向车站值班员发布调度命令，转抄司机及装卸车负责人。接触网停电命须转抄装卸车负责人。

(3) 装卸车时应避开接触网支柱等设备，以防砸坏供电设备。

(二) 列检作业安全

1. 接触网未停电、未接地情况下，严禁爬到各种车辆的车顶上进行任何作业。

2. 接触网未停电、未接地情况下，禁止开闭罐车或冷藏车的注口（盖）以及在这些注口外进行作业。

3. 禁止用软管水管冲刷车辆上部；冲洗车辆下部时，软管的方向不能朝上。

4. 车辆发生故障，距离接触网带电部分不足 2 m 时，必须待接触网停电并接地后，方可进行处理。

（三）押运人员安全注意事项

1. 电气化区段车辆的押运员，应按《铁路货物运输规程》规定发给“押运人须知”通知书。对不符合通过电气化铁路规定的人员和物件，应及时处理。

2. 货运、货检人员在检查、接收开往电气化铁路区段的货物列车时，应向押运人员以及回送内燃机车的随乘人员宣传电气化铁路的安全注意事项。

3. 押运人员严禁在敞车、平车装载的货物上或棚车、罐车、冷藏车顶部乘坐，也不得在罐车顶部或敞车装运的货物上设置树枝等长形标志物。

4. 押运人员严禁在带电的接触网下攀登车顶进行作业。

5. 严禁使用非绝缘杆尺测量货物的高度等作业。

第三节　隔离开关操作

隔离开关是电气化铁路区段断开或闭合接触网的带电操作设备，一般安装在机车整备线和车站货物装卸线等线路连接处，以满足接触网局部停送电需求。

1. 隔离开关操作（监护）人员必须经过培训，考试合格由供电设备管理单位发给“隔离开关操作证”后，方能担任相应工作。上述人员须每年组织一次培训和考试，不合格者一律不得从事此项工作。

2. 设有隔离开关的站段，必须严格按“手动隔离开关操作程序”操作。需操作隔离开关时，负责人须向车站值班员或段值班调度员办理手续，在“隔离开关使用登记簿”内登记申请。值班员签认后，并指定操作人及监护人携带钥匙前往操作，操作完毕立即加锁交还钥匙。

3. 接触网隔离开关原则上以合闸送电状态为定位，特殊情况需要以断电状态为定位时，由铁路局集团公司批准，使用完毕须立即恢复定位。

4. 隔离开关无论在开闸或闭闸状态，其操作机构均应由使用单位加锁，一站或一段有两个及其以上隔离开关时，应自编号码，加锁钥匙按编号分别存放在车站行车室（信号楼）或段值班调度室，由车站值班员或段值班调度员保管，使用时一并登记。

5. 严禁带负荷操作隔离开关，在确认电力机车已驶出电分段或已降下受电弓后，方准操作隔离开关。

6. 隔离开关操作前，操作人必须按规定穿戴好绝缘靴和绝缘手套，确认开关及其操作机构正常，接地线良好，方准按程序操作，监护人要检查确认。绝缘靴和绝缘手套存放于阴凉干燥、不落灰尘的容器内，每六个月由所属单位送供电段检查、试验一次。每次使用前后要用干布擦净，仔细检查有无破损，使用前要进行简略漏气试验，发现裂损等异状时要及时通知电力调度派人检查处理。

7. 隔离开关开闭作业时，必须有两人在场，一人操作一人监护。确认开关及其传动装置正常、接地线良好后方准按程序操作。操作要准确迅速，一次开闭到底，中途不得停留和发生冲击。操作过程中，人体各部不得与支柱及其构件相接触。遇雷雨即将来临前和降雷雨时不得使用隔离开关作业。

8. 隔离开关由供电段负责养护维修，确保技术状态良好。遇隔离开关故障或使用不良时，有关站段应在“行车设备检查登记簿”内登记，并立即报告供电调度员派接触网检修人员处理，禁止非接触网检修人员自行处理。

第七章　工务系统职工作业安全

第一节　线路作业安全

铁路线路由路基、桥隧建筑物和轨道等附属设备组成。工务是从事线路维修养护的部门，露天环境给线路作业带来许多不利因素，尤其是在营业线上利用列车间隔，进行设备维修、保养和检查作业，如果现场作业人员违反相关安全规定，会给作业人员带来安全风险。为控制线路作业中的人身安全风险，须严格执行电气化区段各项作业安全规定，确保行车和人身安全。

一、上、下道安全注意事项

线上日常作业原则上应安排在天窗点内进行，上线作业时，要严格遵守电气化安全规定。

1. 上线作业前必须先检查接触网有无异常，电气化回流线及信号装置的接地线、连接线是否正常连接，确认无误后，没有列车开来时，方可上线作业；现场防护员与驻站联络员至少每 3 min 联系一次，联系中断应视为有列车通过，作业人员必须立即停止作业按规定下道避车。

2. 步行上下工时，区间应在同一侧路肩或路旁走行；双线区间，应面迎列车方向行走；通过桥梁、道口或横越线路时，应“手比、眼看、口呼”，做到“一站、二看、三通过”，严禁来车时抢越。必须走道心时，应设置专人防护。进路信号辨认不清时，应及时下道避车。

3. 作业人员下道避车时应遵守以下规定：

（1）下道后距钢轨头部外侧距离不小于 2 m，设有避车台（洞）的桥梁（隧道）应进入避车台（洞）避车。

（2）本线来车按下列距离下道完毕：

$v_{max} \leqslant 60$ km/h 时，不小于 500 m；

60 km/h $< v_{max} \leqslant$ 120 km/h 时，不小于 800 m；

120 km/h $< v_{max} \leqslant$ 160 km/h 时，不小于 1 400 m；

160 km/h $< v_{max} \leqslant$ 200 km/h 时，不小于 2 000 m。

（3）邻线（线间距小于 6.5 m）来车下道规定：

①本线不封锁时：

邻线 $v_{max} \leqslant 60$ km/h 时，本线可不下道；

60 km/h＜邻线 $v_{max} \leqslant$ 120 km/h 时，来车可不下道，但本线必须停止作业；

邻线 $v_{max} >$ 120 km/h 时，下道距离不小于 1 400 m；

瞭望条件不良，邻线来车时本线必须下道。

②本线封锁时：

邻线 $v_{max} \leqslant$ 120 km/h 时，本线可不下道；

120 km/h＜邻线 $v_{max} \leqslant$ 160 km/h 时，本线可不下道，但本线必须停止作业；

邻线 $v_{max} >$ 160 km/h 时，本线必须下道，距离不小于 2 000 m。

（4）在站内其他线路作业，躲避本线列车时，下道距离不少于 500 m，与本线相邻的正线来车时，按以上要求办理，与本线相邻的其他站线来车时可不下道，但必须停止作业。列车进路不明时必须下道避车。

（5）速度小于120 km/h区段，瞭望条件大于2 000 m以上时，钢轨探伤仪、轨道检查仪作业，邻线来车可不下道。

（6）人员下道避车时应面向列车认真瞭望，防止列车上的抛落、坠落物或绳索伤人。

（7）人员下道避车的同时，必须将作业机具、材料移出线路，并放置、堆码牢固，不得侵入建筑限界；两线间距离小于6.5 m不得停留人员和放置机具、材料。

4. 遇有降雾、暴风雨（雪）、扬沙等恶劣天气影响瞭望时，应停止线上作业和上道检查；必须作业时，应采取特殊安全措施，保证来车之前按规定的距离及时下道。

二、线路养护维修安全作业

1. 在进行起道作业时，起高线路单股一次不得超过30 mm；隧道、桁架桥内不得超过限界尺寸线。确需超出此标准时，应提前通知接触网工区，必要时，工务与供电部门协同施工，起道与调整接触网导线同时进行。

2. 在进行线路拨道时，线路中心位移范围一次不得超过±30 mm，一侧拨道量年度累计不得超过120 mm，并不得侵入限界。在接触网支柱不侵入建筑限界的条件下，桥梁上一侧拨道量年度累计不得大于60 mm，且要满足线路中心与桥梁中心的偏差，钢梁不大于50 mm，圬工梁不大于70 mm。线路允许速度120 km/h$\leqslant v_{max}\leqslant$160 km/h时，钢梁、圬工梁均不得大于50 mm。确需超出此标准时，应提前通知接触网工区，必要时，工务与供电部门协同施工，拨道与调整接触网导线同时进行。

3. 当抽更换轨枕、找小洼、改轨距或进行其他作业项目时，对电气化及信号装置的接地线及轨端连接线，必须保持其正常连接。如需临时拆除接触网接地线，必须与供电部门联系，并指派人员到场配合，同时，采取相应的安全措施后方可开工。作业完成后应及时恢复接地线，达到合格后方可结束施工。如接地线需焊接时，由供电部门负责完成，但作业时禁止在钢轨上焊接。

4. 在车站内进行拨道时，还应防止信号机、电动道岔转辙器侵入限界，不因拨道而损坏扼流变压器和轨道电路等。

5. 当线路维修拉开钢轨调整轨缝时，要在拉开的轨缝间预先装设连接线。临时连接线的长度应使钢轨接头间可能拉开 200 mm。

6. 安装绝缘轨距杆时，在轨距杆较多的地方，轨距杆和道砟之间应保持 30 mm 的间隙，或将轨距杆绝缘部位下面的道砟掏空。在枕木盒内装有跨轨的信号导线时，不得安装轨距杆或防爬器。

7. 整理道床、捣固等作业时，钢轨底部与道床之间应保持 20～30 mm 的间隙，防止道床积水时漏电。

三、接触网附近作业安全

1. 作业中人员及携带的物件、作业工器具等须与牵引供电设备高压带电部分保持 2 m 以上的距离，与回流线、架空地线、保护线保持 1 m 以上距离，距离不足时，牵引供电设备须停电。

搬运长大杆件应该平放在车上或者两人抬运，严禁在搬运过程中竖立、高举，以防止长大杆件触及带电体，危及搬运人员安全。测量用的花杆、塔尺应该距离带电体 2 m 以上。

2. 尽量避免人体与接触网支柱以及附近的金属结构接触，防止这些设备的绝缘部分损坏导致可能出现的高压短路电流伤人。在接地线损坏时，接地线、回流线与钢轨的连接点可能会出现高压短路电流，禁止与之接触。

在距离接触网支柱以及带电部分 5 m 以内的金属构件上均需装设接地线。使用发电机、空压机、搅拌机等机电设备时，应有良好的接地装置，未设好接地线禁止作业。木杆脚手架上绑扎的铁丝等金属物，应该去掉余头，以防止尖端放电。距离带电部分不足 5 m 的施工机具应该装设接地线。

3. 接触线断线接地时，接地点 10 m 以内将出现跨步电压，应单足或者并足跳离危险区，防止跨步电压伤人。发现接触网上有线头、绳索等物品时，严禁使用非绝缘物件与之接触，防止触电，应立即通知接触网工区处理。

4. 作业范围与牵引供电设备高压带电部分须保持 2 m 以上的距离，与回流线、架空地线、保护线保持 1 m 以上距离，距离不足时，牵引供电设备须停电。必须按规定办理接触网停电申请手续，得到许可施工命令，具备施工条件，并由接触网工区派人安装临时接地线后方能施工；施工结束后要确认所有人员进入安全地点方可通知正式完工，撤除接地线并办理销记手续。撤除接地线后严禁再次进入作业地点继续作业。

在距离接触网带电部分 2～4 m 的建筑物上施工时，接触网可不停电，但必须由接触网工或经专门训练的人员现场监护。

5. 在线路上使用机械作业时，严禁碰撞接触网回流线或钢轨接地线，确需拆开连接地线时，应提前向供电设备管理单位报告取得同意，由供电单位现场防护，可暂时拆除接地线，并用状态良好的 25 mm^2 裸铜绞线临时接地后，方可作业。作业结束后及时恢复。

拆装接地线必须由接触网工或经专门培训并取得安全操作资格证的工务人员，按照安全操作规程实施。

6. 作业休息时必须在指定安全地点，禁止在接触网支柱上搭挂物品、攀登支柱或在支柱旁存放工具、坐卧休息。

四、须供电部门配合作业

在进行下列作业时，须事先通知供电部门采取措施后，方准作业：

（1）更换带有回流线的钢轨。

（2）更换牵引变电所岔线和通往岔线的钢轨及其主要连接零部件（如岔心、夹板等）。

（3）在有接触网的线路上，于同一地点同时更换两股钢轨以及两股钢轨的夹板。

（4）更换整组道岔。

（5）线路起道、拨道超过规定标准时。

工作完毕，必须经供电部门人员检查确认并符合供电要求后，方可撤除安全防护措施。

五、断开、更换钢轨及拆换夹板等作业安全

1. 在非自动闭塞的电气化区段上更换钢轨或夹板时，应遵守下列规定。

（1）严禁在同一地点将两股钢轨同时拆下。

（2）换轨前应在被换钢轨两端轨节间纵向安设一条截面积不小于 70 mm^2 的铜导线。导线两端用夹子牢固夹持在相邻的轨底上，如图 7-1 所示。该连接线在换轨作业完毕后方可拆除。

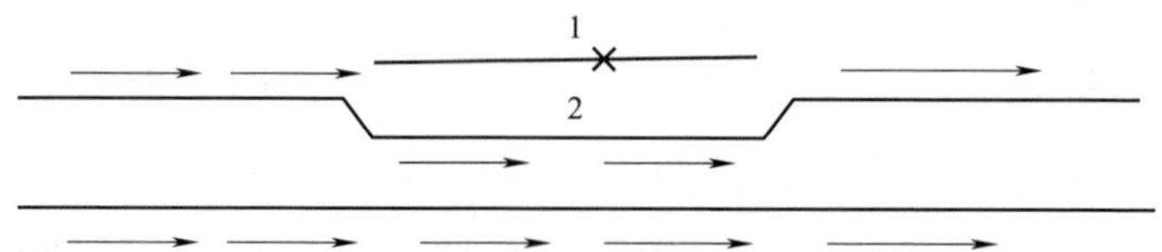

图 7-1　纵向连接线安装示意

1—被更换的钢轨；2—纵向连接线

2. 在自动闭塞的电气化区段断开、更换钢轨，拆换接头夹板或调整轨缝时，应遵守下列规定。

（1）禁止在同一地点将两根钢轨同时拆下，如必须同时拆下，要对该供电区段实行线路封锁，不准电力机车（动车组）行驶。

（2）作业前，应在钢轨两端轨节间各安设一条横向连接线，如图 7-2 所示，使流回牵引变电所的电流能够顺利通过。连接线应用截面积不小于 70 mm^2 的铜线做成，用夹子紧接于轨底，连接可靠后方可开始作业。该连接线在换轨完毕后方可拆除。

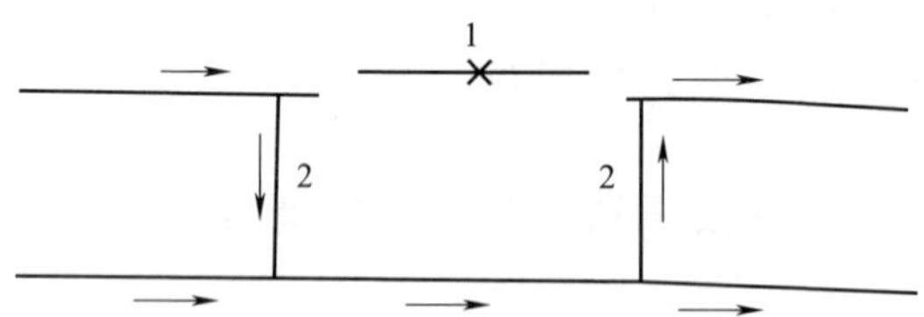

图 7-2　横向连接线安装示意

1—被更换的钢轨；2—横向连接线

(3) 在更换带有轨端绝缘的钢轨前，除必须用横向连接线将被换钢轨相邻轨条与相对轨条连接以外，还要用连接线将轨道抗流变压器中间点与被换钢轨相对的钢轨连妥，并断开抗流变压器上的连接线后且有电务人员在场配合，方准更换，如图 7-3 所示。

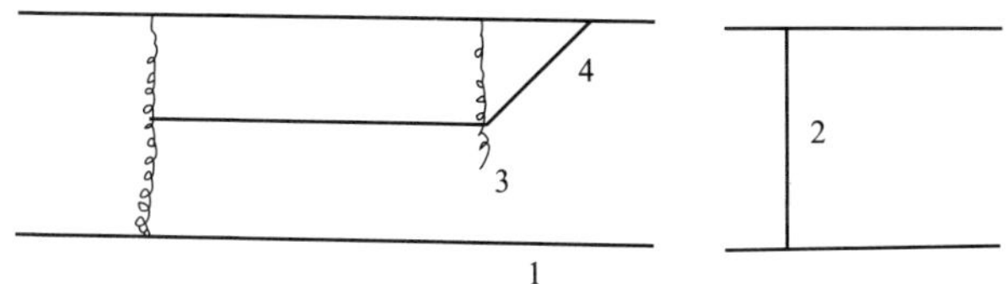

图 7-3　抗流线圈与钢轨连接示意

1—被更换钢轨；2—横向连接线；3—断开抗流线圈；4—纵向连接线

(4) 工务作业需拆开接触网接地线、吸上线、电务扼流变钢轨引线等设备时，应由专业设备管理单位按设备分界进行作业，并及时恢复。

(5) 在站内更换钢轨或夹板时，其钢轨连接电线的连接方法须考虑站内复杂的轨道电路和车站作业的要求。

3. 更换辙叉心和翼轨时，要设临时连接线，如图 7-4 所示。

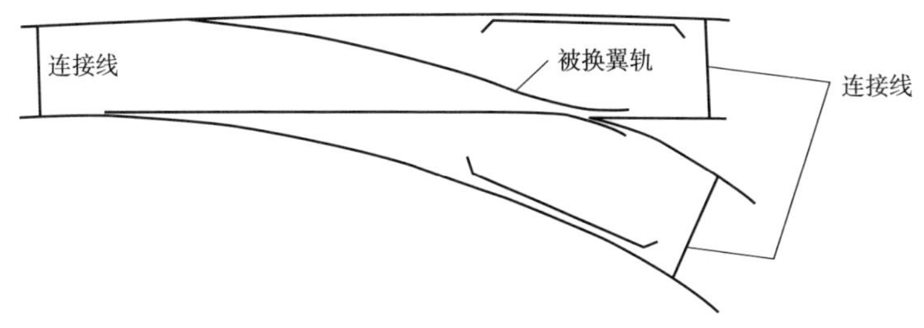

图 7-4　临时连接线设置

4. 在电气化区段上，如需在同一地点将两股钢轨同时拆下，必须对该供电区段实行停电。

5. 在通往牵引变电所岔线的铁路上更换钢轨或夹板时，或因更换钢轨需拆开回流线时，在未设可靠的分路电流线之前，不得将钢轨、夹板和回流拆开，以免影响牵引电流流回牵引变电所的通路。拆装回流线必须由牵引变电所的工作人员进行，更换钢轨或夹板也须有上述人员在场监护。

六、电气化铁路“红横线”管理

“红横线”是指标画在接触网支柱内侧或隧道、站台边墙上，用于记录该处线路轨面高程的红色水平限制线。它是接触网与线路相对位置的共同基准线，是轨面高程及侧面限界的限制线。

1. 在电气化线路上，应按设计值标定“红横线”。直线区段应按线路轨面高程、曲线区段按外轨轨面高程进行标定，隧道内的“红横线”应按设计值标定。接触网跨越多股线路时，红横线按电气化股道最高轨面进行标定。

2. “红横线”一经标定，即为工务线路和接触网检修共同遵守的基准线，除因大修、改造线路断面调整外不得更改。

3. 如因改建、大修线路断面调整等，轨面设计高程需进行调整时，应有供电、工务部门的人员参加工程设计调查、设计审查工作。若接触网变动较小，可由双方商定处理办法；若接触网变动较大或有争议时，其设计、施工方案须报铁路局集团公司审批后方可实施。

4. 承担改建、大修工程的施工单位，必须按批准的设计文件施工，保证竣工后的轨面高程符合设计要求。竣工后，由工程验收部门会同施工单位和工务、供电部门测量复核后，重新划定“红横线”。测量复核的各项数据应有书面记录，经各方签认后各存一份，并报铁路局集团公司备查。

5. 新建电气化铁路正式开通前，接触网施工单位，供电、工务部门须共同按设计规定复核并标画“红横线”，制成记录，三方签认后各存一份，并报铁路局集团公司备查。

6. “红横线”应于每年由供电部门牵头、工务部门配合复测一次，对复测超标的数据应整理报铁路局集团公司。“红横线”的日常维护由供电段负责。

第二节　桥隧作业安全

电气化铁路的桥梁、隧道、路基大维修工作需要充分考虑电力机车牵引供电系统特点，与供电部门加强配合，以确保人身和行车安全为前提。

1. 在距接触网带电部分不足 2 m，与回流线、架空地线、保护线不足 1 m 的建筑物上作业必须申请停电，利用天窗或在带电维修作业车上进行。

2. 搭设脚手架时，脚手架与接触网设备带电部分应相距 2 m 以上，与回流线、架空地线、保护线应保持 1 m 以上，并应保证作业人员及所携带的工具距接触网设备带电部分不得少于 2 m，距回流线、架空地线、保护线不得少于 1 m。桥梁上部脚手架、脚手板必须绑扎牢固，防止坠落砸断接触网导线，造成断线事故。严禁从高空脚手架上向下扔工具、材料。木脚手架上绑扎的铁丝等金属物应把余头去掉，以防尖端放电。禁止从跨越接触网的天桥、跨线桥向下抛撒杂物、倾倒液体等。

3. 搭、拆钢梁、圬工梁拱上部脚手架时，工具、材料必须在铁丝网栏杆外或距接触网导线 2 m 以外及回流线、架空地线、保护线 1 m 以外的地方吊装，禁止在铁路建筑物限界内吊装工具材料。如需在铁路建筑物限界内吊装时，必须申请停电或天窗时间内进行。绑扎脚手板的绳索不得下坠侵入接触网 2 m 范围内和回流线、架空地线、保护线 1 m 范围内，不得将绳索掉落在接触网导线上造成接触网故障，如发生绳索掉挂在接触网电线上，必须立即报告，通知接触网工区派员处理，严禁擅自处理。

4. 在距离接触网带电部分 2 m 以上及距回流线、架空地线、保护线 1 m 以上的脚手架或桥梁结构上作业时，接触网可不停电，但须有接触网工或经专门训练的职工在场监护。施工作业人员及机具等不得侵入距接触网带电部分 2 m 和回流线、架空地线、保护线 1 m 范围内。

5. 移动上部活动脚手架时，必须有带班作业负责人在场，按规定设好防护，上下作业时做到呼唤应答，如遇来车应停止作业。移动前要认真检查脚手架上工具材料及脚手板是否固定牢靠，防止坠落物件砸损接触网导线。

6. 搬运长大杆件（如脚手架用的杆、板等）时，应平放在车上运送或由两人抬运，严禁搬运中竖立或高举，以防长大杆件触电，危及搬运人员人身安全。测量用的塔尺、花杆等应距离带电体 2 m 以上，塔尺第三节最好拆掉，以免使用时不慎碰触带电体。

7. 在距离接触网带电部分不足 2 m 或距回流线、架空地线、保护线 1 m 时，使用高压水清洗钢梁、上承式桁梁和上跨限界检查作业时，必须按规定办理接触网停电申请手续，得到许可停电施工命令，并有接触网工区派人安设临时接地线后方能施工。在进行钢梁中、上部喷砂、喷漆作业时，风油胶管必须妥善架设牢靠，不得侵入接触网导线 2 m 和回流线、架空地线、保护线 1 m 范围内，防止坠落物掉挂在接触网导线上，避免触电事故或打断接触网导线。

8. 攀登钢梁上部或引桥公路梁拱上作业时，钢、木、竹梯均必须安置在桥上铁丝网栏杆外或距离接触网 2 m 以外及回流线、架空地线、保护线 1 m 以外的地方，并固定牢靠，防止倒向接触网。金属梯应安设地线。

9. 使用发电机、空压机、搅拌机等机电设备时，应有良好的接地装置。在可能带电部位，应有“高压危险”的明显标志和防护措施。各种机械与车辆不准用水冲洗；施工用的水管不准跨越接触网，不准用射水方式进行圬工养护。

10. 在进行隧道内的检查、处理洞内危石、补漏、衬砌、补修、油刷标志、刨冰及在隧道口进行粉刷、装饰、端墙检修等作业时，如使用高梯搭设脚手架与接触网设备带电部分不足 2 m 及回流线、架空地线、保护线不足 1 m 时，必须在接触网停电、接地后方可进行。对隧道拱部进行作业，需申请批准接触网断电后方准作业。在洞顶仰坡作业时，要避免碰坏接触网，并应与接触网设备的带电部分保持 2 m 以上，与回流线、架空地线、保护线应保持 1 m 以上的距离，以免触电。作业完毕后，要做到工完料清，现场不得遗留工具物料。在防止漏水、渗水地段作业，为防止该地段导电，作业时必须穿绝缘胶鞋。

11. 天桥、跨线桥靠近或跨越牵引供电设备的地方须设置防护栅网。栅网由所附属结构的产权或工程建设单位负责安设。防护栅网安设“高压危险”标志，警示标志由供电设备管理单位制作安装。

12. 在接触网支柱及接触网带电部分 5 m 范围内的钢梁桥、钢栏杆、防护栅栏等金属结构物均须装设接地线。天桥及跨线桥靠近跨越接触网的地方必须设置安全栅网。

13. 电气化铁路区段车站风雨棚、跨线桥、隧道等构建物应安装牢固，状态良好，不得脱落。距牵引供电设备 2 m 范围内不得出现漏水、悬挂冰凌等现象。附挂在跨线桥、渠上的管路，以及通信、照明等线缆，须设专门固定设施，且安装可靠，不得脱落。

第三节　大型养路机械及轨道车作业安全

随着铁路的不断发展，工务养护设备的机械化程度越来越高，各种大型养路机械、轨道车的运用越来越广泛，随之而产生的安全风险也更加多样，在运行、作业和养护过程中，需严格执行有关规定。

大型养路机械包括清筛机、捣固车、动力稳定车、配砟整形车、打（铣）磨车、大修列车、路基处理车、焊轨车、物料运输车、轨道作业测量车、轨道吸污车、除雪车、除沙车、连续式起道车、快速换轨车等大型养路机械。轨道车包括重型轨道车（含隧道检修车）、起重轨道车、发电轨道车、轨道平车、起重轨道平车、收轨平车及轻型轨道车等。

一、大型养路机械及轨道车运行安全

1. 电气化区段使用的大型养路机械及其附属设施不得超出机车车辆上部限界的高度。在机械、车辆上方的所有人员和所持工具与接触网必须保持 2 m 以上距离。

2. 对轨道车、大型养路机械机组各车及其附属车辆应加设“有电危险、禁止攀登”的明显警告标志，对可能攀爬的车顶、车辆上部的天窗、蹬梯、踏板处所均应有“电气化区段严禁攀登”字样的明显警告标志，并实施关闭加锁，对使用的施工机具、工具类要实施绝缘改造。

3. 大型机械在电气化铁路区段运行时，随车或押运人员不得登上车顶，停车检查时要避免与接触网支柱及其附近金属结构物接触。

4. 大型养路机械自运行时发现接触网设备故障危及行车安全，必须立即停车，双线电气化区段发生断杆、断线影响邻线列车运行时，应拦停邻线列车，并报告车站值班员（列车调度员），经处理后方可继续运行。

二、大型养路机械及轨道车作业安全

1. 大型养路机械进入电气化区段作业时，任何人员在接触网未停电、接地的情况下，禁止到车顶上进行任何作业，对使用的机具设备要严格管理，动力机械必须由考试合格、获得上岗证书并经领导批准的人员操作。所携带的物品和工具的最顶端距离接触网带电部分不得小于 2 m。

2. 大型养路及施工机械作业，如施工机械作业范围不超出机车车辆上部限界，且作业人员及所持机具与接触网带电部分保持 2 m 以上距离时，接触网可不停电，但要有接触网工的现场监护。不符合上述条件时，应按照规定办理停电手续，做好安全防护措施后方能作业。

3. 使用清筛车、配砟整形车等超出机车车辆限界时，应提前向电力调度员提出接触网停电申请，电力调度员下达停电命令，接触网工安装临时接地线之后，方可开始施工；施工结束、人员全部撤离后，接触网工拆除临时接地线，并通知电力调度员施工完毕。拆除临时接地线以后，所有人员严禁再次进入施工现场。

4. 在带电的接触网下，使用轨道车、拖车装卸钢轨、轨枕及砂石等物料，所用的工具（如撬棍等）不得高举。不准用竹竿等长杆测量货物的装载高度或做其他接近接触网的工作。作业人员不准攀登或乘坐于装载的物体上。装卸长大工具材料时，只许平移，不准高抬、翻转和竖立。特殊情况下，作业人员及所用工具在距接触网不足 2 m 范围内作业时，接触网必须停电。

5. 大型养路机械作业时，人员的防护要求比照接触网不停电时的要求进行。当作业人员在车辆上方的工作范围与接触网太近时，需对车辆进行屏蔽改造，确保所有作业人员的人身安全。

6. 在机械平台上配合作业时，作业人员要按规定穿戴专门的绝缘防护用品。大修列车龙门吊操作人员在接触网未停电的情况下严禁攀登进入操作室。

7. 捣固作业要注意保护通过轨道电流的接续线和车站股道间的跳线。如需拆开接地线时，施工领导人要事先向电力调度员报告并取得同意，可暂时拆除接地线，在采取相应的安全措施后方准开工。作业完毕后应及时恢复接地线，拧紧螺栓并达到合格后方可结束施工。

8. 清筛机、物料车、配砟整形车在电气化区段作业，接近接触网支柱时，应及时收回伸出在外的圬土输送带和侧犁，避免损坏立柱；作业结束后，所有部件归位前禁止行走。

9. 随车起重吊车必须加装升高限位器，每次使用前，必须在非电气化区段进行升高限位检查，保证其动作范围不超过机车车辆上部限界，防止错误操作侵入接触网带电部分2 m以内。使用其他未加装升高限位器的起重轨道车进行起吊装卸作业时，接触网必须停电。

10. 轨道车在装卸钢轨、轨枕、片石等物品时，应避开接触网立柱等供电设备。在作业过程中应注意不得损坏抗流变压器箱、连接线等，并不许直接或间接相互搭接。

三、大型养路机械及轨道车维修、保养安全

1. 在电气化区段，严禁作业人员攀登到车顶进行机械和轨道车检修、保养作业，不准用水冲洗各种机械和车辆。打磨车冲洗和灭火水枪操作人员必须穿戴专门的绝缘防护用品，严禁向上方接触网喷水。

2. 存放于有接触网股道的大型机械，其保养、加油必须通过车站与供电工区办理接触网停电手续，在确认接触网停电后方可进行。作业完毕，必须确认所有人员安全撤离，方可通过车站办理送电。

第八章　电务系统职工作业安全

第一节　信号专业作业安全

信号专业职工在电气化区段进行作业时，必须严格遵守《电气化铁路有关人员电气安全规则》和铁路局集团公司电气化铁路安全实施细则的有关规定，同时要按照不同的作业要求进行安全防护。

信号专业作业人员在电气化区段进行作业时，必须正确使用各种绝缘防护用品。一般检修作业时要穿防护鞋，并站在绝缘胶垫上工作。凡影响牵引电流通过的各项作业，还必须先戴高压绝缘手套、使用带有绝缘的工具、站在绝缘胶垫上方可作业。使用的高压绝缘用品必须定期进行试验，不合格的严禁使用。

一、高柱信号机作业

高柱信号机作业是指利用梯子或作业平台，在高柱信号机上安装、调试、维护信号设备的作业，属于高处作业，因此须遵守高处作业和利用梯子作业的有关要求。

1. 进行高柱信号机作业时，应按规定使用安全带等安全防护用品。离开梯子或站在梯子外侧作业时，应系安全带。

2. 手持小锤检查信号机梯子上的地线，应接触良好无松动。登上信号机时，要检查各部地线连接部分，应牢固良好。

3. 在信号机上作业时，人身和所携带的工器具等不得侵入距牵引供电设备高压带电部分 2 m、回流线 1 m 的范围以内。对安全距离不够的高柱信号机上的作业，必须待接触网停电后方可作业。

4. 在雷雨、冰雪、能见度低或六级以上大风天气禁止上高柱信号机作业。

5. 信号机上不得放置工具、材料，不得上下抛递工具、材料。

6. 列车通过时，禁止在该股道两侧信号机上停留。

二、轨道电路检修作业

1. 在轨道上作业，必须保证牵引电流的畅通并设好防护。

2. 信号设备检查轨道电路时，当轨道变压器与扼流变压器连接的低压线圈断开前，禁止切断其高压线圈回路。

3. 发现扼流变压器中心连接线（板）和扼流变压器因故损坏时，不得擅自处理，必须通知有关部门，并按规定做好安全防护，采取保证牵引电流畅通措施后，方可开始作业。

4. 维修或更换信号设备扼流变压器、中心连接板、轨道电路送（受）电的扼流变压器引接线、站内横向连接线等器件时，应按规定采取保证牵引回流畅通措施后，方可开始作业。

5. 断开综合接地贯通地线前，须在贯通地线纵向位置，安设一条截面积不小于 70 mm^2 铜连接线，连接可靠方可开始作业。

6. 发现轨道电路扼流变压器中心连接线（板）、送电钢丝绳、接续线（双断）因故损坏时禁止乱动。

三、更换信号设备作业

1. 更换扼流变压器箱

向车站值班员联系要点停止设备使用。首先将所属轨道电路区段的两条钢轨与相邻轨道电路的扼流变压器的中心点，用回流连接线连通后（使牵引电流顺利通过），再拆掉原来使用的扼流变压器箱，连接方式如图 8-1 所示（或采取“两横一纵”方式连接）。被更换的扼流变压器箱全部更换安装好后，方准拆除回流连接线。

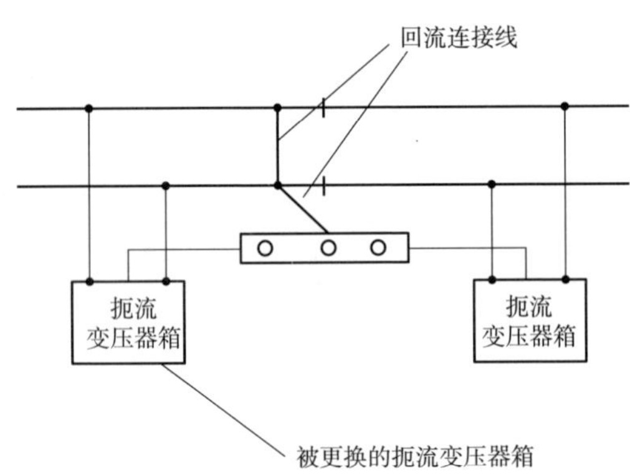

图 8-1　更换扼流变压器箱回流连接线安装示意

2. 更换扼流变压器引入线

向车站值班员联系要点停止设备使用。将所需更换引入线区段的两条钢轨与相邻轨道电路的扼流变压器的中心点用回流连接线连接牢固后，再进行更换，其连接方式如图 8-1、图 8-2 所示，被更换的引入线安装良好后，方准拆除回流连接线。

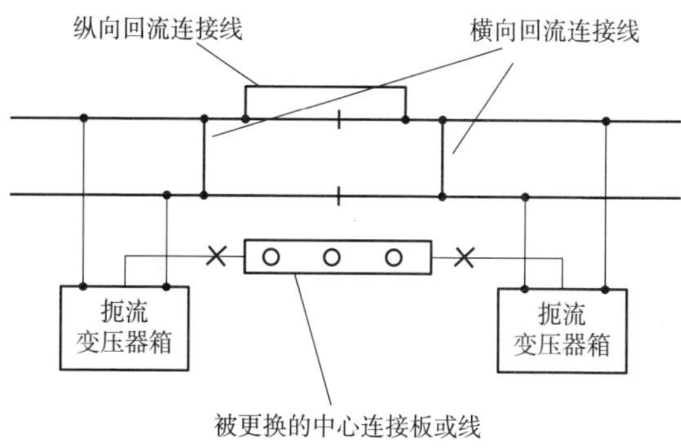

图 8-2　“两横一纵”回流连接线安装示意

3. 更换两相邻扼流变压器箱中心连接板或中心连接辅助线（无牵引回流吸上线的）

向车站值班员登记、联系、要点，停止设备使用。用回流连接线将两个区段的双轨条分别横向连通，再用一条回流连接线将绝缘节纵向连通，方准开始工作，如图 8-2 所示，称为“两横一纵”方式。扼流变压器中心连接板或中心连接辅助线全部更换安装好后，方准拆除横向和纵向连接的回流线。

4. 更换附有吸上线的两相邻扼流变压器箱中心连接板或中心连接辅助线

向车站值班员登记、联系、要点，停止设备使用。与供电部门联系，来人配合。用回流连接线将两个区段的双轨条分别横向连通，再用一条回流连接线将绝缘节纵向连通，如图 8-2 所示。

回流线全部连接好后，方准拆换中心连接板或中心连接辅助线。更换完毕且安装良好后，方准拆除横向和纵向连接的回流线。

5. 更换单向扼流变压器箱

向车站值班员登记、联系、要点，停止设备使用。用回流连接线将轨道电路区段横向连通，再用一条回流连接线将绝缘节纵向连通，如图 8-3 所示，方准开始更换。

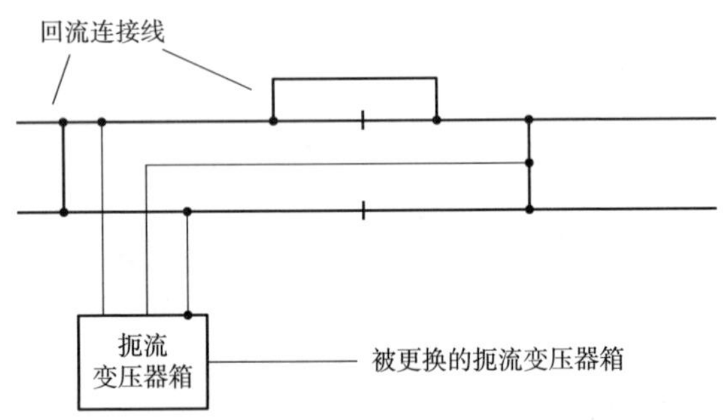

图 8-3　更换单向扼流变压器箱回流连接线安装示意

更换完毕连接良好后，再拆除回流连接线。更换轨道绝缘及配合工务更换轨道绝缘处钢轨向车站值班员登记、联系、要点及防护工作按行车组织规则及有关管理办法执行。

四、配合工务更换轨端绝缘处的钢轨

事先由工务部门用回流连接线将被更换钢轨相邻的轨条与相对的轨条连接，再用回流连接线将被换相对的轨条与轨道扼流变压器中心点连通，如图 8-4 所示。由电务部门断开扼流变压器箱上的引入线后，方准更换钢轨。

钢轨更换完毕，由电务部门接通扼流变压器箱引入线并检在良好后，工务部门方准拆除回流连接线。

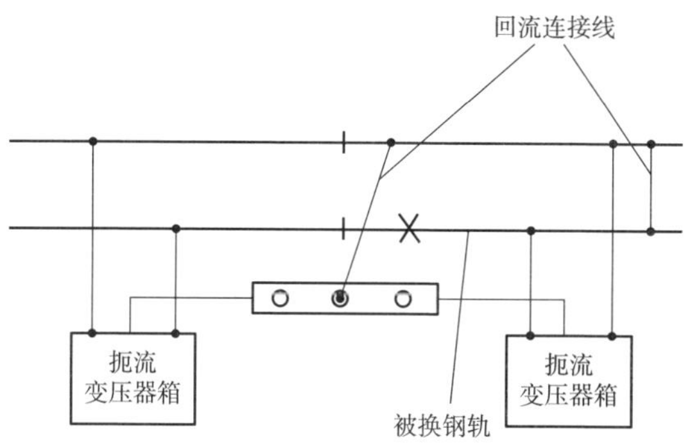

图 8-4　配合换轨回流连接线安装示意

五、更换站内横向连接线

向车站值班员登记、联系、要点，停止设备使用。事先用同样长度的临时回流线连接牢固后，方准更换横向连接线。新的横向连接线安装牢固后，方准拆除临时回流线。

六、电力机车、动车组设备检修作业

1. 电力机车、动车组登车顶作业时，登车顶作业者戴好安全帽、系好安全带、穿好绝缘鞋，妥善办理接触网停电、设置连挂接地线等安全措施后或在无电区进行。电力机车、动车组车下部作业和车底部作业时，必须在电力机车降弓状态和动车组检修无电作业时段进行，并由机务、车辆部门落实防溜措施，并设立专人防护。

2. 禁止在机车、动车组行驶中检修外部设备；机车、动车组在车站停车检修外部设备时，应挂红色信号旗或红灯防护，并在操纵台上放置红色“禁止操纵”牌。

3. 车载设备性能试验时，应由机务人员配合操纵机车、动车组。禁止触碰与电务无关的设备、部件。

4. 电力机车、动车组在升弓状态时，相关单位配合人员未在场，禁止上车作业。

5. 禁止车上车下抛掷工具、材料。

七、其他相关作业

进行屏蔽电缆故障处理时，先戴好高压绝缘手套、穿好绝缘靴、站在绝缘胶垫上，方可将故障电缆断开的两端临时接地，确认电缆金属外皮（全塑电缆除外）与电缆屏蔽地线连接牢固，同沟内数条电缆金属外皮焊接良好后，方准开始作业。作业完毕后，将电缆外皮重新接好，才可以拆除临时地线。

第二节　通信专业作业安全

通信专业职工在对电气化铁路区段的通信设备进行检查、维修或处理故障时，必须按规定使用绝缘、防护用品。电气化区段每年必须进行不少于一次的线路设备地线及防雷元件测试，发现不良及时处理，以确保人身及设备安全。

一、电力机车、动车组登顶作业

电气化区段电力机车、动车组登顶作业是指在车顶安装、维护、检修通信设备的作业，电气化铁路接触网电压为27.5 kV，登顶作业时，作业人员会侵入接触网安全距离，因此，在进行车顶各类天线、电缆、馈线等故障处理和检查更换等作业时，按照规定办理相关手续，确认安全后方可登顶作业，严禁作业人员擅自登车顶。内燃机车必须在无接触网区域进行；电力机车必须由机务部门妥善办理接触网停电、设置连挂接地线等安全措施后或在无电区进行。攀登时要注意防滑，并按规定戴好安全帽，系好安全带，穿好绝缘鞋，防止发生触电和高空坠落伤害。同时，看管好所携带的工器具和天线器材等，防止滑落伤及车下人员。设立专人防护，防护人员要全面检查登顶作业安全防护措施是否到位。作业期间，防护人员须在能目视到作业人员并能与其喊话距离内不间断地监护，发现异常，立即喊话提醒，必要时令其下车终止作业。机车登顶扶梯、天窗锁由机务部门负责开启和锁闭，通信作业人员严禁持有、使用机车登顶扶梯、天窗锁钥匙。

二、电气化区段登高作业

通信作业人员在电气化区段进行登高作业，需根据地形配足人员，并设专人监护。

登杆作业前，应检查电杆的各部位强度和质量，禁止手持工具、零件，携带电线登杆或在角杆内侧利用拉线上下电杆。

竖立过长或过重电杆时，应使用叉杆或绞车等工具。新立电杆未回土夯实，不得盲目登杆或拆除支撑物、拉绳等。

作业时身体及所持工具须与接触网带电部分保持 2 m、与回流线保持 1 m 以上的安全距离。登杆作业时，杆上杆下传递物品必须用绝缘或干燥的绳子。

立杆、撤杆危及行车安全时，应登记要点，并采取防护措施。

雷雨天严禁登高作业。

三、电气化区段整修光电缆作业

在电气化区段整修光电缆，切割地下埋设的光电缆外皮或打开电缆套管前，先戴高压绝缘手套、穿好高压绝缘鞋，检修光缆应佩戴专用防护眼镜，站在绝缘垫上，方可将电缆外皮两端连通并临时接地，确认光电缆金属外皮与电缆屏蔽地线连接牢固、接触良好后，同沟内数条电缆金属外皮焊接良好后，方准开始作业。作业完毕后，将电缆外皮重新接好，才可拆除临时地线。电缆芯线发生故障，需在区段上进行工作时，要把区段两端的接线盒上故障芯线的U形插头拔掉，同时挂上标示牌，写明“正在作业，不要接入”的字样。

四、电气化区段隧道漏缆检修作业

电气化铁路隧道内布放的泄漏电缆，距离接触网较近，泄漏电缆内外导体上会产生一定强度的纵向感应电动势，牵引电流越大、漏泄电缆长度越长，其感应电动势就越高。检修泄漏电缆连接头或直流阻断器时，感应电压极易对人体造成伤害。在进行隧道漏缆检修前，应登记要点，并设驻站联络人和现场防护员。与供电部门确认接触网已停电，并穿着绝缘鞋后，方可作业。

五、其他整修作业

1. 引入通信机房的通信电缆（含光电综合缆）应做绝缘接头，将外护套（或屏蔽层）和金属加强件可靠断开，室外电缆（含光电综合缆）的金属护套及金属加强件应可靠接地。引入变电所或分区亭的电缆应有绝缘外护套。机房内的引入架、电缆箱、电缆盒要对地绝缘。其他通信机架、设备均要接地，接地电阻要符合要求。

2. 光缆引入室（箱）内，应换接室内光缆，并做绝缘接头，将室内、外金属护套及金属加强件可靠断开，彼此绝缘。室内光电缆引入柜（架）、分线盘等应可靠接地。

3. 室内设备维修：室内电源测试（尤其是中、高电压测试）时，要站在绝缘胶板上，测试笔棒要保持绝缘良好。各种防护地线齐全，性能良好，并做到互不连接，保持各自绝对独立。机房内进行光电缆检查测试时，需站在绝缘垫或木制地板上，防止感应高压电伤害。

附录一　铁路车站行车作业人身安全规定

铁运〔2020〕135 号

第一章　总　　则

第一条　为强化铁路车站行车人员人身安全控制，在原铁道部《铁路车站行车作业人身安全标准》(TB 1699—1985)的基础上，依据《技规》等有关规定，结合现场设备及作业组织变化，制定本规定。

第二条　本规定是铁路车站行车作业人身安全的基本要求。

第三条　本规定适用于国铁集团车站（含委托国铁集团所属铁路运输企业管理的车站）行车作业人员。

第二章　行车作业人身安全通用规定

第四条　班前禁止饮酒。班中按规定着装，佩带防护用品。

第五条　顺线路走时，应走两线路中间，作业人员及所携带的工具不得侵入机车车辆限界，并注意邻线的机车车辆和货物装载状态。严禁在道心、轨枕头上行走。不准脚踏钢轨面、道岔连接杆、尖轨、辙叉心等。

第六条 横越线路时，应一站、二看、三通过，注意左右机车车辆的动态及脚下有无障碍物。

第七条 横越停有机车车辆的线路时，应先确认该机车车辆暂不移动，然后在该机车车辆较远处通过。严禁在运行中的机车车辆前面抢越。

第八条 必须横越列车、车列（组）时，严禁钻车。应先确认该列车、车列（组）暂不移动，然后由车辆通过台或两车车钩上越过；越过时勿碰开钩销，上下车时要抓紧蹬稳并注意邻线有无机车车辆运行；经车辆通过台越过应从车梯上下车。

第九条 严禁在机车车辆底下坐卧，以及钢轨上、轨枕头、道心里坐卧或站立。

第十条 严禁扒乘运行中的机车车辆，以车代步。

第三章 接发列车作业人身安全规定

第十一条 应熟知站内作业区域、行走径路及两侧相关的设备设施，并随时注意使用情况，如遇设备设施、走行通道发生异状或变化时，应及时通知有关人员并采取安全措施。

第十二条 接发列车时，应站在规定地点，随时注意邻线机车车辆动态。

第十三条 安装、摘解货车列尾主机、中继器，吊起列车尾部软管时，应确认车列暂不移动方可进行作业。

第四章 调车作业人身安全规定

第十四条 必须熟知调车作业区的技术设备、作业环境和作业方法，以及接近线路的一切建（构）筑物的形态和距离。

第十五条 上下车时必须遵守以下规定：

（一）上车时，车速不得超过15 km/h；下车时，车速不得超过20 km/h。

（二）在高度不超过1.1 m的站台上上下车时，车速不得超过10 km/h。

（三）在路肩窄、路基高的线路上和高度超过1.1 m的站台上作业时，必须停车上下。

（四）登乘内燃、电力机车作业时，必须在机车停稳时再上下车（设有便于上下车脚蹬的调车机车除外）。

（五）上车前应注意脚蹬、车梯、扶手，平车、砂石车的侧板和机车脚踏板的牢固状态。

（六）上下车时要选好地点，注意地面障碍物。不准迎面上车。不准运行中反面上下车（牵出时最后一辆及《站细》等规定的除外）。

第十六条 在车列、车辆运行中，禁止下列行为：

（一）在车钩上，在平车、砂石车的端板支架上坐立，在平车、砂石车的边端站立。

（二）在棚车顶或装载超出车帮的货物上站立或行走。

（三）手抓篷布或捆绑货物的绳索，脚蹬平车鱼腹形侧梁。

（四）在车梯上探身过远，或经站台时站在低于站台的车梯上。

（五）在装载易于窜动货物的车辆间和货物空隙间站立或坐卧。

（六）骑坐车帮。

（七）跨越车辆。

（八）两人及以上站在同一闸台、车梯及机车一侧脚踏板上。

（九）进入线路提钩，摘结制动软管或调整钩位。

第十七条　手推调车时，必须在车辆两侧进行，并注意脚下有无障碍物。

第十八条　在电气化铁路区段，接触网未停电、未接地的情况下，禁止到车顶上调车作业。在带电的接触网线路上调车时，作业人员及所携带的工具等须与接触网高压带电部分保持 2 m 以上的距离。

第十九条　去岔线、段管线或货物线调车作业，须事先派人检查线路大门开启状态及线路两侧货物堆放情况；事先派人检查有困难时，应在《站细》中规定检查确认办法。

第二十条　带风作业时，必须执行一关（关折角塞门）、二摘（摘制动软管）、三提钩的作业程序。

第二十一条　摘结制动软管、调整钩位、处理钩销、采取或撤除防溜措施时，必须等列车、车列（组）停妥，并得到调车长的回示，昼间由调车长防护，夜间必须向调车长显示停车信号。

（一）调车人员须确认列车、车列（组）停妥，得到调车长同意，并使用无线调车灯显设备发出“紧急停车”指令后，方可进入车档。调车长进入车档作业时，由其本人向司机显示（发出）停车信号进行防护。

（二）使用手信号调车时，调车长须向司机显示停车信号进行防护后，方可同意作业人员进入车档；调车长得到所有作业人员均已作业完毕的汇报后，方可撤除防护。

第二十二条 调整钩位、处理钩销时不要探身到两车钩之间。对平车、砂石车、罐车、客车及特种车辆，应特别注意端板支架、缓冲器、风挡及货物装载状态。

第二十三条 溜放调车作业应站在车梯上，一手抓牢车梯，一手提钩，不准用脚提钩或跟车边跑边提钩（驼峰调车作业除外），严禁在车列运行中抢越线路去反面提钩。

第二十四条 使用人力制动机时（在静止状态下，站在地面或低于车钩中心水平线的人力制动机闸台上使用时除外），必须使用安全带。要做到“上车先挂钩”“下车先摘钩”。不能使用安全带的车辆，如平车、砂石车、罐车等，作业时必须选好站立地点。

第二十五条 严禁使用折角塞门放风制动。

第二十六条 使用铁鞋制动时，应背向来车方向，严禁徒手使用铁鞋，并注意车辆、货物状况和邻线机车车辆的动态。严禁带铁鞋叉子上车。

第二十七条 严禁在运行中的机车前后端坐卧。

第二十八条 使用折叠式人力制动机时，须在停车时竖起闸杆，确认方套落下，月牙板关好，插销插上后方可使用。

第二十九条 作业中严禁吸烟。

第五章 清扫（扳道）作业人身安全规定

第三十条 清扫道岔（含降雪天气清扫道岔积雪）前须得到车站值班员或有关人员的同意。清扫电气集中道岔或联动道岔，必要时应先将安全木楔置于尖轨与基本轨之间。清扫后及时将清扫工具、安全木楔等撤除，并向车站值班员或有关人员报告。

第三十一条　扳道员接发列车时，应站在规定地点。随时注意邻线机车车辆动态。

第三十二条　在扳道作业时，应遵守扳道作业方法。除因作业需要必须进入道心外，均应站在安全地点。

第六章　附　　则

第三十三条　本规定由国铁集团运输部负责解释。

第三十四条　本规定自2020年9月1日起施行，原铁道部《铁路车站行车作业人身安全标准》（〔1985〕铁科技字1393号）同时停止执行。

附录二　电气化铁路有关人员电气安全规则

铁运〔2013〕60号

第一章　总　　则

第1条　为保证电气化铁路沿线有关人员人身安全，防止触电伤亡事故，特制订本规则。

第2条　新建电气化铁路在牵引供电设备送电前15天，建设单位应将送电日期通告铁路沿线路内外各有关单位。自通告之日起，视为牵引供电设备带电，有关人员均须遵守本规则相关规定。

第3条　电气化铁路沿线路内外各单位需组织学习本规则的相关内容。电气化铁路相关作业人员每年至少进行一次安全考试，考试合格后，方准参加作业。

第4条　牵引供电专业人员遵守本规则和牵引供电的专业规定。

第5条　对于违反本规则的单位和人员，按有关规定追究其责任。

第二章　一般安全规定

第6条　为保证人身安全，除牵引供电专业人员按规定作业外，任何人员及所携带的物件、作业工器具等须与牵引供电设备高压带电部分保持 2 m 以上的距离，与回流线、架空地线、保护线保持 1 m 以上距离，距离不足时，牵引供电设备须停电。

第 7 条 电气化铁路区段，具有升降、伸缩、移动平台等功能的机械设备进行施工、装卸等作业时，作业范围与牵引供电设备高压带电部分须保持 2 m 以上的距离，与回流线、架空地线、保护线保持 1 m 以上距离，距离不足时，牵引供电设备须停电。

第 8 条 在距牵引供电设备高压带电部分 2 m 以外，与回流线、架空地线、保护线 1 m 以外，临近铁路营业线作业时，牵引供电设备可不停电，但须按照铁路营业线施工安全管理有关规定执行。

第 9 条 机车、动车及各种车辆上方的接触网设备未停电并办理安全防护措施前，禁止任何人员攀登到车顶或车辆装载的货物上。

第 10 条 电气化区段上水、保洁、施工等作业，不得将水管向供电线路方向喷射，站车保洁不得采用向车体上部喷水方式洗刷车体。

第 11 条 牵引供电设备故障时，与牵引供电设备相连接的支柱、接地引下线、综合接地线等可能出现高电压，未采取安全措施前，禁止与其接触，并保持安全距离。

第 12 条 发现牵引供电设备断线及其部件损坏，或发现牵引供电设备上挂有线头、绳索、塑料布或脱落搭接等异物，均不得与之接触，应立即通知附近车站，在牵引供电设备检修人员到达未采取措施以前，任何人员均应距已断线索或异物处所 10 m 以外。

第 13 条 牵引供电设备支柱及各部接地线损坏，回流吸上线与钢轨或扼流变连接脱落时，禁止非专业人员与之接触。

第 14 条 距牵引供电设备支柱及牵引供电设备带电部分 5 m 范围以内具备接入综合接地条件的金属结构应纳入综合接地系统；不能接入综合接地系统的金属结构须装设接地装置，接地电阻一般不大于 10 Ω。

第 15 条 站内和行人较多的地段，牵引供电设备支柱在距轨面 2.5 m 高处均要设白底黑字“高压危险”并有红色闪电符号的警示标志。禁止借助接触网支柱搭脚手架，必须借助接触网支柱登高时，必须有供电专业人员现场监护。

第 16 条 天桥、跨线桥靠近或跨越牵引供电设备的地方，须设置防护栅网，栅网由所附属结构的产权或工程建设单位负责安设。防护栅网安设“高压危险”标志，警示标志由供电设备管理单位制作安装。

第 17 条 电气化铁路区段车站风雨棚、跨线桥、隧道等构建物应安装牢固，状态良好，不得脱落。距牵引供电设备 2 m 范围内不得出现漏水、悬挂冰凌等现象。附挂在跨线桥、渠上的管路，以及通信、照明等线缆，须设专门固定设施，且安装可靠，不得脱落。

第 18 条 电力线路、光电缆、管路等跨越电气化铁路施工时，须在接触网停电并做好安全防护措施后进行。

第三章　接发列车及调车作业安全规定

第 19 条 电气化铁路接触网停电检修时，禁止向停电区放行电力机车及动车组。司机发现不符合此项规定时，应立即降下受电弓并停车。

第四章　货运、装卸作业安全规定

第 20 条　装卸货物线的接触网隔离开关平时要处于合闸状态，雨、雪、雾、霾等恶劣天气下，严禁处于分闸状态。

第 21 条　接触网隔离开关操作规定：

1. 隔离开关操作人员须经过培训并取得由供电设备管理单位颁发的安全操作证后，才能担任工作。

2. 隔离开关开闭作业时，必须执行一人操作一人监护制度。

3. 隔离开关操作前，操作人必须按规定穿戴好绝缘靴和绝缘手套，确认开关及其操作机构正常，接地线良好，方准按程序操作。

4. 遇雷雨天气时，禁止操作隔离开关。严禁带负荷操作隔离开关。

5. 绝缘靴、绝缘手套等安全用品，应半年进行一次绝缘耐压试验，并存放在阴凉干燥、防尘处所，使用前用干布擦拭，并进行外观检查，发现有漏气、裂损等现象禁止使用。

第 22 条　货物装载高度须满足《铁路技术管理规程》及《铁路超限超重货物运输规则》规定的电气化区段安全距离。

第 23 条　需停电装卸作业时，必须先断开隔离开关停电后，在指定的货物线安全区域标志内进行装卸作业。装卸作业结束，确认所有人员已至安全地带后，方能合上隔离开关。

在装卸线的分段绝缘器内侧 2 m 处设安全区域标志（如图 1）。

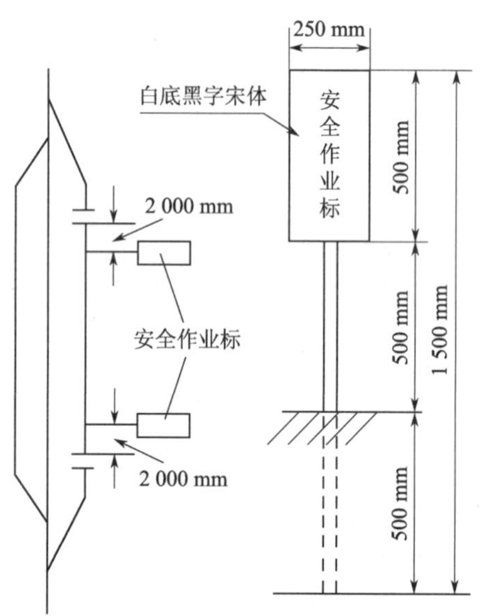

图 1　安全作业标设置图

第五章　机车、动车、车辆作业安全规定

第 24 条　电气化铁路区段各车站给水线、电力机车整备线和动车组整备线，在分段绝缘器内侧 2 m 处应设安全区域标志（如图 1）。

第 25 条　接触网隔离开关操作规定同第 21 条。

第 26 条　电气化铁路区段，当列车、动车组在运行途中发生故障，机车司机、动车组司机、动车组机械师等需上车顶作业时，严格按照相关规定办理停电手续并做好安全防护措施后，方能作业。

第27条　在电气化区段运行的机车、动车、车辆及自轮运转设备可以攀登到车顶或作业平台的梯子、天窗等处所，均应有“电气化区段严禁攀登”的警告标志。

第六章　工务作业安全规定

第28条　断开、更换钢轨、拆换接头夹板或调整轨缝前应在钢轨两端轨节间纵向位置，安设一条截面不少于70 mm² 的铜连接线，连接可靠方可开始作业（如图2）。

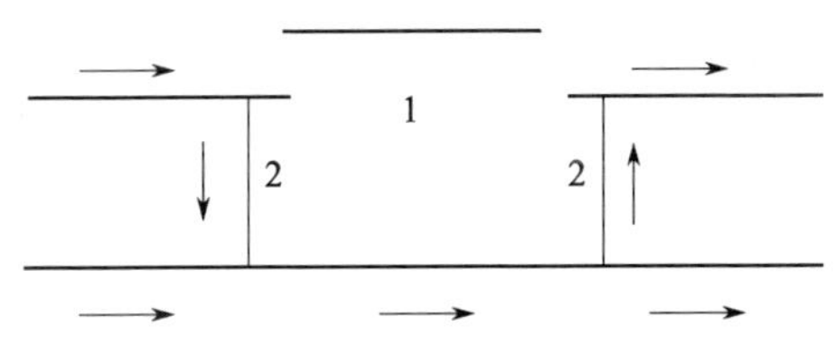

图2

1—被更换的钢轨；2—横向连接线

第29条　工务作业需拆开接触网接地线、吸上线，电务扼流变钢轨引线等设备时，应由专业设备管理单位按设备分界进行作业，并及时恢复。

第30条　大型养路及施工机械作业，如施工机械不超出机车车辆上部限界，且作业人员及所持机具与接触网带电部分保持2 m以上距离时，接触网可不停电。不符合上述条件时，应按照规定办理停电手续并做好安全防护措施后，方能作业。

第31条　电气化铁路区段声屏障、风屏障、栅栏等金属体结构部分应可靠接地。

第七章　电务作业安全规定

第 32 条　维修或更换信号设备扼流变压器、中心连接板、轨道电路送、受电的扼流变压器引接线、站内横向连接线等器件时，应按规定采取保证牵引回流畅通措施后，方可开始作业。

第 33 条　信号设备更换轨道电路绝缘时，应确认扼流变压器连接线各部连接良好后，方可开始作业。

第 34 条　断开综合接地贯通地线前，须在贯通地线纵向位置，安设一条截面不少于 70 mm^2 的铜连接线，连接可靠方可开始作业。

第 35 条　通信电缆（含光电综合缆）引入室内，应做绝缘接头，将外护套（或屏蔽层）和金属加强件可靠断开，室外电缆（含光电综合缆）的金属护套及金属加强件应可靠接地。

第 36 条　光缆引入室（箱）内，应换接室内光缆，并作绝缘接头，室内、外金属护套及金属加强件应断开彼此绝缘。室内光电缆引入柜（架）、分线盒等应可靠接地。

第八章　牵引供电、电力作业安全规定

第 37 条　从事牵引供电工作的有关人员，实行安全等级管理制度。

第 38 条　牵引供电停电作业时，专业作业人员（包括所持的机具、材料、零部件等）与周围带电设备的距离不得小于下列规定：330 kV 为 5 000 mm；220 kV 为 3 000 mm；110 kV 为 1 500 mm；25 kV 和 35 kV 为 1 000 mm；10 kV

及以下为 700 mm。

第 39 条　接触网的检修作业分为停电作业、间接带电作业、远离作业。

第 40 条　各种受力和绝缘工具应有合格证并定期进行试验。

第 41 条　利用作业车进行作业时，工作平台严禁向未封锁、有电的线路侧旋转。

第 42 条　遇有雨、雪、雾恶劣天气时，一般不进行接触网“V”形天窗作业。若必须利用“V”形天窗进行检修和事故抢修时，应增设接地线。

第 43 条　接触网“V”形天窗停电作业时：

1. 撤除相邻线供电（馈线）臂的重合闸。

2. 在牵引供电回路开口作业时，应事先采取旁路、等电位措施。

3. 吸上线与钢轨及扼流变中性点连接处一般不进行拆卸作业，确需拆卸处理时，必须采取旁路措施，按分界由专业设备管理部门配合。

第 44 条　电气化铁路区段整修电缆时，电缆铠装及电缆芯两端须装设临时接地线，作业地点铺设干燥绝缘垫或作业人员穿高压绝缘靴进行。

第 45 条　需攀登牵引供电设备支柱的电力检修，由牵引供电设备专业人员现场监控进行。

第 46 条　电气化铁路区段进行架空电力线路维修、施工作业时，在与铁路长距离平行作业区段内至少每隔 1 km 加装 1 组接地线。

第九章　电气化铁路附近消防安全规定

第 47 条　电气化铁路附近发生火灾时，须遵守下列规定：

1. 距牵引供电设备带电部分不足 4 m 的燃着物体，使用水或灭火器灭火时，牵引供电设备必须停电。

2. 距牵引供电设备带电部分超过 2 m 的燃着物体，使用沙土灭火时，牵引供电设备可不停电，但须保持灭火机具及沙土等与带电部分的距离在 2 m 以上。

第十章　车辆行人通过道口安全规定

第 48 条　各种车辆和行人通过电气化铁路平交道口必须遵守下列规定：

1. 通过道口车辆限界及货物装载高度（从地面算起）不得超过 4.5 m，超过时，应绕行立交道口或进行货物倒装。

2. 通过道口车辆上部或其货物装载高度（从地面算起）超过 2 m 通过平交道口时，车辆上部及装载货物上严禁坐人。

3. 行人持有长大、飘动等物件通过道口时，不得高举挥动，应与牵引供电设备带电部分保持 2 m 以上的距离。

本条规定内容应制成揭示牌，固定在道口两面限界门右侧门框上，由供电设备管理单位负责安装及维护（如图 3）。

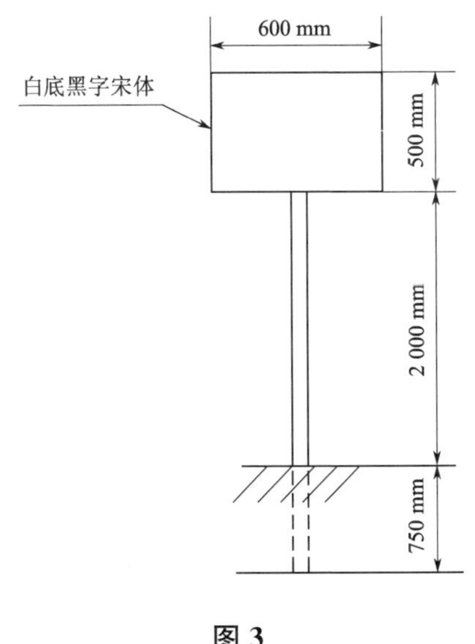

图 3

备注：1. 安全揭示牌设于限界门汽车前进方向右侧的立柱上（距路面高 2.5 m）。

2. 限界门安全揭示牌的尺寸为：厚度为 1.0～2.0 mm 钢板制成，规格 500 mm×600 mm。

第十一章　其他安全规定

第 49 条　电气化铁路区段房建、通信、信号、电力、给水、信息、照明、广播、防灾、视频、红外、安全监控等各种室外设备金属箱体、外壳等均应安装牢固，除专业特殊规定外应可靠接地。

第 50 条　电气化铁路区段电缆在切割电缆外皮或打开电缆套管之前，要将电缆（不含全塑电缆）外皮两端连通并临时接地，在作业地点铺设干燥的橡皮绝缘垫或作业人员穿高压绝缘靴进行。

第十二章　附　　则

第 51 条　本规则由铁道部运输局负责解释。

第 52 条　本规则自 2013 年 4 月 1 日起施行。铁道部前发《电气化铁路有关人员电气安全规则》[(79) 铁机字 654 号] 同时废止。